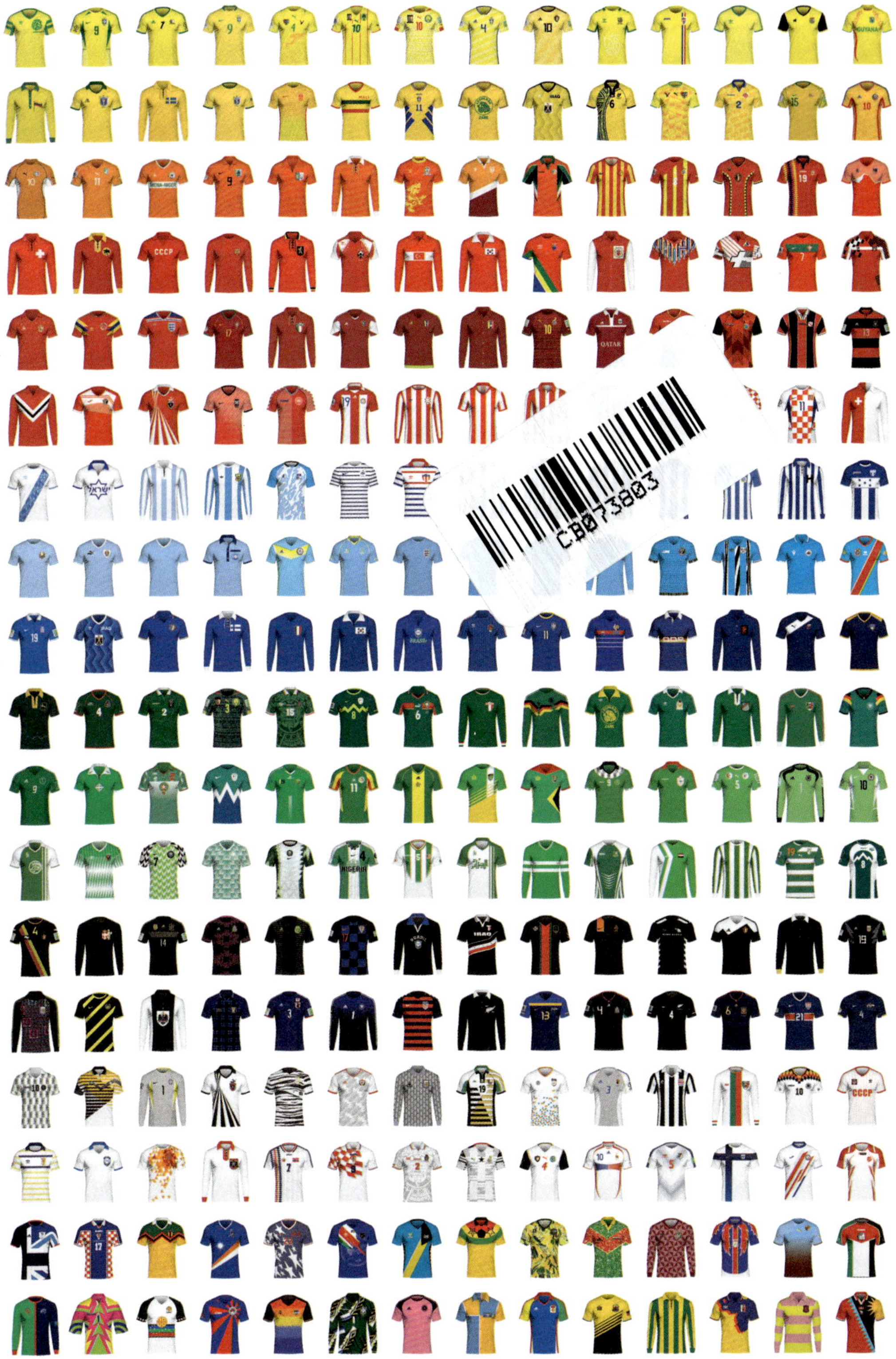

ATLAS MUNDIAL DE CAMISAS

Cune MOLINERO   **Alejandro TURNER**   **Pablo ARO GERALDES**   **Agustín MARTÍNEZ**   **Sebastián GÁNDARA**

ATLAS MUNDIAL DE CAMISAS

A HISTÓRIA, AS LENDAS E AS RARIDADES NAS CORES DE TODAS AS SELEÇÕES DE FUTEBOL

Tradução
IURI MÜLLER

🌐 Planeta

Copyright © Cune Molinero, Alejandro Turner, Pablo Aro Geraldes, Agustín Martínez, Sebastián Gándara, 2022
Copyright © Editora Planeta do Brasil, 2022
Copyright da tradução © Iuri Müller
Todos os direitos reservados.
Título original: *Atlas Mundial de Camisetas*

Preparação: Fernanda Grabauska
Revisão: Diego Franco Gonçales e Matheus de Sá
Projeto gráfico: Álvaro Caldelas
Diagramação: Jussara Fino
Capa: Fabio Oliveira
Ilustrações das camisas e imagens de capa: Pablo Engel

CIP-BRASIL. CATALOGAÇÃO NA PUBLICAÇÃO
ANGÉLICA ILACQUA CRB-8/7057

Molinero, Cune
  Atlas mundial de camisas: a história, as lendas e as raridades nas cores de todas as seleções de futebol / Cune Molinero... [et al.] ; tradução de Iuri Müller. - São Paulo: Planeta do Brasil, 2022.
  256 p.: il., color.

  ISBN 978-65-5535-903-9
  Título original: Atlas mundial de camisetas

  1. Futebol 2. Copas do mundo (Futebol) 3. Esportes I. Título II. Müller, Iuri

  22-4494   CDD 796.334

Índice para catálogo sistemático:
1. Futebol

MISTO
Papel produzido a partir de fontes responsáveis
FSC® C011188

Ao escolher este livro, você está apoiando o manejo responsável das florestas do mundo

2022
Todos os direitos desta edição reservados à
Editora Planeta do Brasil Ltda.
Rua Bela Cintra, 986, 4º andar – Consolação
São Paulo – SP – 01415-002
www.planetadelivros.com.br
faleconosco@editoraplaneta.com.br

para Diego Armando Maradona

INTRODUÇÃO

O campo de críquete do Hamilton Crescent, em Glasgow (Escócia), estava muito pesado. Havia chovido por três dias consecutivos. No entanto, era preciso jogar. A partida estava marcada para as duas horas da tarde e foi necessário esperar vinte minutos para que a névoa se dissipasse um pouco. Nessas condições, tão britânicas, as seleções de Escócia e Inglaterra jogaram o primeiro amistoso internacional de futebol da história. Era o dia 30 de novembro de 1872.

Antes desse dia, foram disputados alguns jogos que a FIFA não considera oficiais, entre outras coisas porque a seleção escocesa estava formada também por ingleses que mantinham "alguma espécie de vínculo com a Escócia". Haviam nascido lá ou navegado alguma vez pelo Lago Ness ou apresentavam certa obsessão pelo *scotch*. As condições eram tão nebulosas quanto as daquela tarde.

Mas finalmente o assunto ganhou maior seriedade. Os escoceses montaram uma seleção em que todos os jogadores vinham do mesmo time: o lendário Queen's Park. Os ingleses, por sua vez, procediam de nove clubes diferentes, claro indício de maior desenvolvimento futebolístico. Mesmo que em nenhum dos dois territórios existisse ainda uma liga, o futebol inglês já contava com uma copa nacional, a FA Cup (Football Association Cup).

As crônicas insistem no fato de que as duas equipes mostraram um futebol ofensivo, algo que o 0 × 0 final parece desmentir. Diz-se que, quando faltavam poucos minutos para que o árbitro escocês desse o apito final, o time da casa festejou um gol de Robert Leckie que não foi validado porque o chute havia passado por cima da corda que unia os dois postes. Não havia VAR naquela época e, como se vê, tampouco travessões ou redes.

Ainda não eram permitidas as substituições, embora no segundo tempo o goleiro da seleção inglesa tenha trocado de posição com um companheiro para jogar de atacante. Tamanho arroubo de multifuncionalidade foi presenciado por quatro mil testemunhas espremidas que pagaram pelo ingresso um xelim, o que, assegura-se, hoje valeria mais ou menos cinco dólares.

O correspondente do jornal *The Bell's Life* resumiu a partida nestes termos: "Uma esplêndida demonstração de futebol no sentido científico do termo, com um esforço compenetrado por parte dos representantes de ambas as nacionalidades para superar uns aos outros". Já se escrevia mal naquele tempo.

Durante muito tempo, Inglaterra × Escócia seguiu sendo a única partida entre times que representavam países. A primeira no hemisfério Sul seria aquela que jogaram Argentina e Uruguai, já nos primeiros anos do século XX.

Naquele dia de Santo André em 1872, a Escócia apareceu em campo com a sua já tradicional camisa azul-escuro, cor que está na sua bandeira, mas que também era a do Queen's Park. A Inglaterra, por sua vez, já ali se vestiu de branco, cor que também predomina na bandeira nacional.

É que as camisas se transformaram em estandartes desde que a bola começou a rolar em partidas que representavam países. E se, nas camisas dos clubes, o caráter simbólico poderia se mesclar com a casualidade (e a intenção de representar uma origem se confundia com o tecido à disposição), nos uniformes das seleções sempre havia um vínculo com as cores pátrias. Com as camisas que tremulam nas bandeiras e com aquelas que chegam de lugares ainda mais distantes de suas histórias. Marcas do passado no presente. Vestígios de reis, heróis, batalhas, religiões, ideais ou utopias que sobrevivem ao tempo – mesmo quando o futebol se torna, cada vez mais, um evento dominado pelo design e pelo marketing.

Por isso, tantos governos viram no futebol entre seleções a possibilidade de obter conquistas que não podiam exibir nos campos da política ou da economia. Alguns entenderam isso de imediato. Outros, no entanto, levaram mais tempo: o maior campeão de todos, o Brasil, proibiu que as

INTRODUÇÃO

suas primeiras seleções usassem o verde e amarelo da bandeira. Foi preciso recorrer, em 1918, a uma camisa branca com detalhes em azul e vermelho nas mangas. Anos antes, haviam proibido que os negros jogassem pelo país. Em 1970, cinco décadas e oito Copas mais tarde, a ditadura militar que governou o Brasil entre 1964 e 1985 tratou de capitalizar politicamente o *jogo bonito* levado adiante por um grupo de jogadores vestidos com a camisa verde e amarela. E liderado – para completar – por um super-herói negro, o Rei Pelé.

Um século e meio depois daquele encontro entre seleções britânicas, nada movimenta mais emoções, recursos, intercâmbios simbólicos, expectativas e horas de transmissão do que o campeonato entre seleções disputado a cada quatro anos. Ou as suas formas continentais e olímpicas, sempre uma sombra daquilo que desperta nas cabeças e nos corações esse vertiginoso mês de Copa do Mundo.

Nesse cenário, sempre atordoado pelos últimos gritos da tecnologia e da moda, as camisas reproduzem as marcas de um passado de séculos e séculos. As histórias sobre as origens das cores das bandeiras não costumam ser mais sólidas do que a das camisas dos clubes. Há mitos, hipóteses e mesmo expressões de desejos em muitas das suas descrições. É possível, no entanto, entender algumas ideias que se repetem e que servem para analisarmos a formação desses estados-nações.

O vermelho costuma dar conta do martírio, do sangue derramado para conseguir a fundação de um projeto de país, do sacrifício dos fundadores da pátria na batalha contra os inimigos nacionais ou religiosos, ou ambos.

O verde, em geral, representa as riquezas naturais de um território, quando não a presença do islã (diz-se que era verde a cor da túnica de Maomé) e, por que não, a esperança no futuro. Curiosamente, o verde também é a marca do catolicismo em uma faixa da bandeira da Irlanda (por sua identificação com a festa de São Patrício), que um espaço branco separa – pacificamente – de outra faixa, laranja, identificada com os protestantes (por conta de Guilherme III de Orange, rei protestante de Inglaterra, Irlanda e Escócia no final do século XVII).

Há marcas religiosas inconfundíveis em muitas das bandeiras do planeta, começando por uma herança profunda do cristianismo em grande parte das bandeiras da Europa – contraditoriamente, muito mais visível em países atualmente laicos, como todas as cruzes que dão forma às bandeiras dos países escandinavos. Ou à bandeira da Grã-Bretanha, que poderia ser definida como uma convenção de cruzes (as cruzes vermelhas de São Jorge da Inglaterra e de São Patrício da Irlanda e a cruz branca de Santo André da Escócia) que, sobrepostas, acabam definindo uma bandeira que seria única, não fosse seu ímpeto de desdobrar-se por territórios e bandeiras alheias. Há, também, as meias-luas islâmicas de todos os países de maioria muçulmana, e uma estrela de Davi na bandeira de Israel (que possui uma *menorá* – o candelabro de sete braços – no escudo da sua camisa).

As cores das bandeiras também permitem reconhecer origens comuns. São os casos do vermelho, amarelo e azul que compartilham Colômbia, Venezuela e Equador por surgirem, os três, daquele sonho bolivariano da Grã-Colômbia (ainda que os venezuelanos tenham decidido, no futebol, inovar com a famosa camisa *vinotinto*); ou do celeste e branco que compartilham Guatemala, Honduras, El Salvador, Costa Rica e Nicarágua, todas integrantes da breve República Federal da América Central. Não são poucos os que relacionam essas cores tão argentinas à passagem do corsário Hipólito Bouchard em suas aventuras por aquelas latitudes, isso por volta de 1820.

O branco, verde, negro e vermelho nas bandeiras e camisas de muitos países da Ásia e da África se originam da bandeira pan-árabe, usada pelo rei de Hiyaz na rebelião contra o domínio turco, em 1917. Assim como o vermelho, verde, amarelo e preto de muitas bandeiras e camisas africanas partem das cores pan-africanas adotadas da bandeira da Etiópia, o único país do continente jamais foi colonizado. Não é por acaso que essas cores estejam também na bandeira e na camisa da Jamaica.

Para além das origens, naturalizadas a ponto de desaparecem, as camisas dos países se transformam às vezes em talismãs que terminam por suplantar as bandeiras que lhe emprestaram as cores. São motivo de culto e identificação em terras estrangeiras, símbolo de orgulho, objeto de lembranças coletivas.

Este livro busca reunir a maior quantidade possível de camisas nacionais em um só lugar. As camisas das Copas do Mundo, mas também as de seleções que nunca as disputaram. As que permanecem inteiramente vigentes, mas também as dos países que deixaram de existir. As conhecidas, mas também as raras, as que foram utilizadas em alguma ocasião excepcional, as acidentais e as lendárias.

Em 2005, dois antropólogos da Universidade de Durkham, na Inglaterra, analisaram os resultados de quatro modalidades – boxe, taekwondo, luta greco-romana e luta livre – em que os participantes receberam, por sorteio, uniformes vermelhos ou azuis. E aconteceu que aqueles que haviam lutado vestidos de vermelho venceram em 55% dos combates. Os pesquisadores escreveram, então, um artigo intitulado "Influência da camisa vermelha nos parâmetros físicos dos esportes de combate", que escalonou até a publicação na revista *Nature*. Ali, falavam sobre como o vermelho se associava de maneira subliminar com a agressividade ou a dominação masculina – e que a cor poderia ser um fator relevante para fazer pender a balança nos casos de equilíbrio esportivo.

INTRODUÇÃO

Não satisfeitos com isso, fizeram um estudo similar com os resultados da Eurocopa disputada em Portugal e chegaram a uma conclusão que lhes pareceu interessantíssima: os que vestiram vermelho marcaram mais gols e ganharam mais partidas que os demais. Não sabemos se isso garantiu um financiamento para viajar à Eurocopa seguinte, mas o fato é que atraiu a atenção de Jürgen Klinsmann, técnico da Alemanha na Copa do Mundo de 2006, que sugeriu que a sua seleção levasse o vermelho da bandeira para sua camisa alternativa. O resultado foi um modelo muito bonito da Adidas que, de todo modo, não foi usado em nenhuma das partidas daquela Copa. Quatro anos mais tarde, a Espanha, que normalmente se veste de vermelho, ganharia o seu primeiro Mundial – só que, justo na final, trajava uma camisa azul. Por outro lado, a Inglaterra vestiu vermelho na final da Copa de 1966, quando se tratava do modelo reserva e que só foi utilizado naquele jogo. Coisas do futebol, afinal.

Naquela tentativa "científica" de fazer da cor uma vantagem, ou de isolar seus possíveis resultados para além da origem que a levou àquele lugar, estavam deixando escapar o valor mais importante que uma camisa possui: sua história, que é, sem dúvida, a das alegrias, tristezas e esperanças daqueles que a acompanham. Não há estatística que possa estar à altura desse valor intangível, mas poderoso; ao vestir a camisa de uma seleção nacional, não é preciso acrescentar nenhum condimento para o jogador ou para seu público. Dito isso, a camisa vermelha da Alemanha era linda. E é disso que se ocupa este livro: de histórias e da beleza.

MODOS DE USAR

Neste **Atlas Mundial de Camisas**, estão presentes os uniformes de todas as seleções que representam as federações de todos os países do mundo. Muitos deles não são países inteiramente soberanos em termos políticos, mas sim quanto ao futebol: contam com uma federação própria e, por consequência, com uma seleção e com uma camisa que os representam internacionalmente diante dos seus pares.

Também estão aqui as camisas da grande maioria das seleções ou dos países ou Estados que mudaram de nome ou que, por diferentes motivos, deixaram de existir. Alguns por reviravoltas políticas, próprias ou alheias; outros porque se integraram ou se uniram a outros países; uma quantidade significativa porque conseguiram a independência da metrópole; uns quantos porque se separaram das antigas unidades territoriais. Os motivos que fizeram com que seleções desaparecessem são os mesmos que deram lugar a seleções novas que, é claro, também possuem suas próprias camisas. Também essas estão presentes neste **Atlas**.

Estão aqui, ainda, as camisas das seleções de futebol de uma variedade de casos difíceis de se definir, mas que, para além de intrincados motivos (e acasos) históricos e de conjunturas geopolíticas, puderam formar uma equipe e desenhar uma camisa representativa.

Os denominadores comuns mais correntes entre todos os países incluídos neste **Atlas** são o fato de estarem filiados à FIFA e de, em alguma oportunidade, terem disputado uma Copa do Mundo de futebol ou alguma das suas etapas classificatórias.

Há alguns (poucos) casos de países que não estão filiados à FIFA, mas a suas confederações continentais. Outros têm ainda menos sorte: não puderam ingressar nas suas respectivas confederações. Neste livro, que é de todas as seleções, também estão presentes essas camisas.

As camisas dos goleiros receberam aqui um lugar especial – os uniformes que identificam os lendários arqueiros das Copas podem ser tão ou mais reconhecíveis que as próprias camisas nacionais.

Nem todas as identidades nacionais, territoriais ou étnicas estão sempre representadas nas seleções nacionais oficiais, filiadas à FIFA. Incluímos, por isso, também as camisas que vestem os diversos povos, regiões, territórios autônomos e países que lutam pelo reconhecimento e que se autoproclamaram soberanos.

Para melhor contextualização e visualização, juntamos as aproximadamente 1.450 camisas desenhadas para este **Atlas** em 8 capítulos. Confiamos que, ao longo destas páginas, conseguimos organizar um relato de mais de cento e cinquenta anos das cores do futebol mundial, atravessando a história, as lendas e as extravagâncias que lhes deram vida.

MODOS DE USAR

AS COPAS DO MUNDO

Nesta seção, estão presentes as camisas utilizadas por todos os países participantes de todas as Copas de futebol masculino até o momento. Constam, também, as camisas das seleções campeãs das Copas de futebol feminino realizadas até aqui. Estão ordenadas, a cada Copa, segundo a posição final alcançada por cada seleção. Se vestiram mais de um modelo, foi observado o critério "teatral" de "ordem de aparição": primeiro a camisa da estreia, logo as demais utilizadas. Esse critério só foi alterado, quando necessário, para destacar as camisas usadas quando se decidiu o título mundial. Aparecem, nas legendas, os resultados obtidos com cada camisa.

Goleiros Ao arco

Os que marcaram época, os clássicos, os originais, os sóbrios ou os das estampas audaciosas e das cores estridentes: um capítulo dedicado aos uniformes dos goleiros campeões do mundo. Uma justa homenagem à contribuição do posto mais singular do futebol.

CONTINENTES DO FUTEBOL

Estas seções estão dedicadas a cada uma das confederações continentais. A ordem foi estabelecida pela combinação de diferentes critérios: quantidade de títulos e participações em Copas dos países filiados, tradição futebolística e anos de história, entre outros. Assim, a sequência apresenta, em ordem, a UEFA (Europa), a CSF/CONMEBOL (América do Sul), a CONCACAF (América Central, América do Norte e Caribe), a CAF (África), a AFC (Ásia) e a OFC (Oceania).

Dentro de cada continente, e ordenados em critério alfabético, incluímos ao menos uma camisa de cada país, privilegiando o desenho e as cores tradicionais, a obtenção de algum título ou alguma circunstância que tornou aquele modelo especial. Se não prevalecia nenhum desses critérios, optamos pela inclusão de um modelo recente. Algumas vezes, fomos guiados pela mais absoluta subjetividade: simplesmente escolhemos a que nos parecia mais bonita.

Inesquecíveis Para guardar na memória

Inclui as camisas dos países que se dissolveram, que mudaram de nome ou que se transformaram em uma unidade geográfico-política diferente. Essas camisas representaram seleções que foram filiadas à FIFA ou participaram de jogos ou torneios internacionais. São peças irrepetíveis simplesmente porque representam entidades que já não existem, mas que a história e o futebol não deixam de lembrar.

3-5-2

Sala de espera Ansiosa paciência
Aqui, pelo contrário, estão as camisas de países que já existem, juridicamente soberanos e internacionalmente reconhecidos, mas que não conseguiram ainda a sua filiação à FIFA nem a suas respectivas confederações continentais. A maioria deles tenta a solução há vários anos, até agora sem sucesso.

A chama olímpica Medalhas douradas
Quisemos reconhecer e homenagear todos os campeões olímpicos do futebol, tanto masculinos como femininos. Mesmo que desde a organização da Copa do Mundo de 1930 pela FIFA os Jogos Olímpicos não puderam competir em importância com os mundiais, o futebol olímpico teve grande relevância nas primeiras décadas do século XX, bem como entre os países socialistas – devido ao caráter semiprofissional das suas ligas locais – até a queda do Muro de Berlim. Nas últimas três décadas, as históricas potências futebolísticas também dedicaram atenção especial ao futebol dos Jogos.

EXTRAVAGÂNCIAS

A seção mais eclética e surpreendente. Tratamos de estabelecer diversos parâmetros mais ou menos específicos sobre as características e os valores dessas camisas. Algumas são habituais camisas alternativas, outras são peças singulares e pouco conhecidas. A grande maioria apresenta algum traço que a torna única, curiosa, chamativa, de alto valor histórico ou, segundo a subjetividade estética dos autores, que a deixaram ridículas ou imensamente belas.

NOVAS SENSAÇÕES, OUSADAS, GRAVAR O NOME, OUTRAS CORES EFÊMERAS E AS PIONEIRAS são algumas das particularidades que escolhemos para defini-las.

Outras identidades Às margens
As representações das identidades humanas – tantas vezes mais sólidas que as estabelecidas e desenhadas nos mapas políticos – cristalizadas em uma camisa de futebol. Todas são integrantes de um mundo futebolístico paralelo ao oficial, mas não menos representativo para culturas, etnias ou processos históricos que compartilham. Camisas poucas vezes vistas, mas que desejam sair à luz e permanecer à superfície.

Este livro possibilita diferentes formas de ser percorrido. Embora se trate de uma obra que busca oferecer um panorama histórico completo das camisas de todas as seleções de futebol e contemple um desenvolvimento cronológico, acreditamos que se abre para diferentes abordagens. Do início até o final, ou entrando e saindo aleatoriamente de cada uma das seções, estamos certos de que qualquer itinerário escolhido permitirá que o leitor se apaixone pelas camisas, as informações e as surpresas aqui contidas. Desejamos que aproveitem tanto ou mais do que nós aproveitamos ao escrevê-lo.

SUMÁRIO

INTRODUÇÃO — 8
MODOS DE USAR — 13

AS COPAS DO MUNDO — 19

Uruguai 1930 — 20
Itália 1934 — 26
França 1938 — 32
Brasil 1950 — 38
Suíça 1954 — 44
Suécia 1958 — 50
Chile 1962 — 56
Inglaterra 1966 — 62
México 1970 — 68
Alemanha Ocidental 1974 — 74
Argentina 1978 — 80
Espanha 1982 — 86
México 1986 — 94
Itália 1990 — 102
Estados Unidos 1994 — 110
França 1998 — 118
Coreia do Sul e Japão 2002 — 126
Alemanha 2006 — 134
África do Sul 2010 — 142
Brasil 2014 — 150
Rússia 2018 — 158

As campeãs — 168
Novas perspectivas

Goleiros — 170
UNIFORMES DOS GOLEIROS MUNDIALISTAS
E CAMPEÕES DO MUNDO
Ao arco

Dados mundiais — 174
DADOS, NÃO OPINIÕES
TABELA HISTÓRICA DAS COPAS DO MUNDO

CONTINENTES DO FUTEBOL	180	**EXTRAVAGÂNCIAS**	227
UEFA – Europa	182	NOVAS SENSAÇÕES	228
CONMEBOL – América do Sul	190	**Alternativas e reservas**	
CONCACAF – América do Norte, América Central e Caribe	194	OUSADAS	232
CAF – África	200	**Originais, chamativas e disruptivas**	
AFC – Ásia	208		
OFC – Oceania	214	GRAVAR O NOME	237
FIFA	217	**O orgulho escrito no peito**	

OUTRAS CORES — 240
Licenças

Inesquecíveis — 218
Para guardar na memória

EFÊMERAS — 242
Breves trajetórias

Sala de espera — 222
Ansiosa paciência

AS PIONEIRAS — 244
Primeiros desenhos, primeiras cores

A chama olímpica — 224
Medalhas douradas

Outras identidades — 250
Às margens

AGRADECIMENTOS — 253

FONTES E BIBLIOGRAFIA — 254
CRÉDITOS FOTOGRÁFICOS — 256

1930 1934 1938 1950 1954 1958 1962 1966 1970 1974 1978

AS COPAS DO MUNDO

1982 1986 1990 1994 1998 2002 2006 2010 2014 2018

1ª COPA DO MUNDO DE FUTEBOL

Uruguai
1930

Como em toda história das camisas de futebol, no princípio houve o branco. Bolívia, Brasil, Estados Unidos, Chile e Peru vestiram camisas brancas na primeira Copa do Mundo. Argentina, Paraguai, Uruguai, França e Bélgica já usavam suas cores de hoje, com mais ou menos variações.

As camisas de Argentina, Uruguai, Paraguai e Chile ainda estavam livres de escudos. Estados Unidos e México usavam as primeiras insígnias de suas associações. O mesmo valia para o Brasil, embora não fosse ainda o escudo da CBF, mas o da CBD: a Confederação Brasileira de Desportos. Os iugoslavos faziam brilhar a águia bicéfala, herança do Sacro Império Romano-Germânico, presente no escudo do reino da Iugoslávia entre 1918 e a Segunda Guerra Mundial. Surgiram, então, as chamas reluzentes, os martelos e as espigas de trigo tão à moda do outro lado da "cortina de ferro". Algo parecido aconteceu com a camisa da Romênia, que levava a imagem da águia com uma cruz no bico, figura presente no escudo nacional até sair voando para dar lugar a sóis nascentes, tratores, torres de petróleo e novas espigas de trigo. O Peru também mostrou na camisa parte do escudo do país, que desde meados do século XIX conta com uma vicunha (parente menor da lhama), com a quina, uma árvore amazônica, e com uma cornucópia de onde escorrem moedas de ouro. Em campo, no entanto, não mostraram um futebol tão rico: duas partidas, duas derrotas. A França já exibia o famoso galo que aparece desde o começo de sua história a partir de um jogo de palavras que unia os galos e a Gália. E a Bélgica mostrava o "leão belga", com origem no escudo de armas do ducado de Brabante, que encabeçou a rebelião contra o Sacro Império em 1790. O valente leão esteve no peito dos atletas belgas até 1981, ano em que a marca inglesa Admiral superou os feitos do Sacro Império.

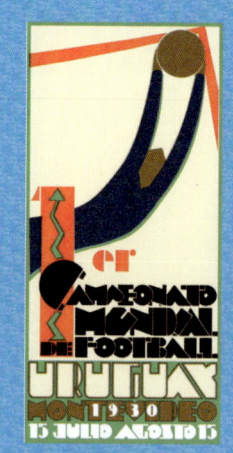

Participantes:	Partidas:	Gols:	Média de gols por partida:	Artilheiro: Guillermo Stábile (Argentina), 8 gols	Destaque: José Nasazzi (Uruguai)
13	18	70	3,89		

AS COPAS DO MUNDO | **Uruguai** 1930

Héctor Castro bate o goleiro argentino Miguel Botasso. **Final da Copa do Mundo de 1930, Uruguai 4 × 2 Argentina, Montevidéu.**

CAMPEÃO

1ª COPA DO MUNDO DE FUTEBOL
Uruguai
1930

Uruguai
1 × 0 Peru
4 × 0 Romênia
6 × 1 Iugoslávia
4 × 2 Argentina (final)

No dia 10 de abril de 1910, o River Plate FC de Montevidéu (que não é o mesmo CA River Plate, da Argentina, fundado em 1932) venceu por 2 × 1 um amistoso contra o Alumni, o melhor clube argentino da época. Como ambos usavam uniformes com listras vermelhas e brancas, o time uruguaio acabou vestindo uma camisa celeste. Quatro meses depois, para jogar a Copa Lipton contra a Argentina, a seleção uruguaia adotou essa cor em homenagem ao vitorioso River Plate FC. Na estreia da Celeste, em 15 de agosto de 1910, o Uruguai venceu por 3 × 1 e ganhou uma identidade para sempre. Duas décadas depois, sempre celeste, festejou o título da primeira Copa do Mundo da FIFA.

AS COPAS DO MUNDO | Uruguai 1930

Argentina
1 × 0 França
6 × 3 México
3 × 1 Chile
6 × 1 Estados Unidos
2 × 4 Uruguai (final)

Estados Unidos
3 × 0 Bélgica
3 × 0 Paraguai
1 × 6 Argentina

Iugoslávia
2 × 1 Brasil
4 × 0 Bolívia
1 × 6 Uruguai

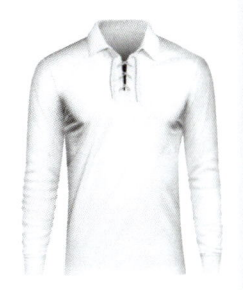

Chile
3 × 0 México
1 × 0 França
1 × 3 Argentina

Brasil
1 × 2 Iugoslávia
4 × 0 Bolívia

França
4 × 1 México
0 × 1 Argentina
0 × 1 Chile

Romênia
3 × 1 Peru
0 × 4 Uruguai

Paraguai
0 × 3 Estados Unidos
1 × 0 Bélgica

Peru
1 × 3 Romênia
0 × 1 Uruguai

Bélgica
0 × 3 Estados Unidos
0 × 1 Paraguai

Bolívia
0 × 4 Iugoslávia
As camisas dos onze jogadores continham uma letra que formaria a frase *Viva Uruguay*

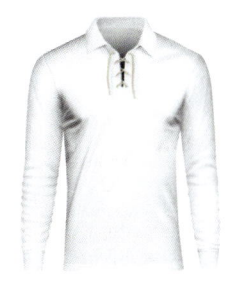

Bolívia
0 × 4 Brasil
Começou a partida com uma camisa branca muito parecida com a do adversário

1ª COPA DO MUNDO DE FUTEBOL
Uruguai
1930

Bolívia
0 × 4 Brasil
Minutos depois de iniciado o encontro, utilizou camisas celestes emprestadas pelo Uruguai

México
1 × 4 França
0 × 3 Chile
3 × 6 Argentina

A simplicidade do branco em várias das camisas foi quebrada por uma extravagância: em sua estreia diante da Iugoslávia, cada jogador da seleção boliviana entrou em campo com uma letra negra no peito. O mistério foi revelado quando o time se posicionou para a foto: fez-se legível a frase *Viva Uruguay*. Os 20 mil presentes aplaudiram até se cansar, mas o apoio dos locais não bastou: a Iugoslávia venceu por 4 × 0. Na partida contra o Brasil, as duas seleções entraram em campo com camisas brancas. A confusão, para o árbitro e os espectadores, foi tamanha que, poucos minutos depois de começado o encontro, o *match* teve de ser suspenso. Depois de passar pelos vestiários, a Bolívia voltou a campo com a camisa celeste da seleção local, o que valeu novos aplausos do público uruguaio. Tampouco serviu para muito: voltaram a perder por 4 × 0.

Desde sua gênese, em 1922, a seleção da Romênia foi tricolor: azul, vermelho e amarelo, as cores nacionais. Existe uma controvérsia em relação à predominância de uma das cores sobre as outras. Não se conservam camisas daqueles anos. A maioria das fontes afirma que eram vermelhas, mesmo que as ilustrações da época mostrem um modelo em azul.

Itália, Espanha, Suécia, Hungria e Holanda queriam sediar a primeira Copa do Mundo. Somou-se a elas a aspiração do Uruguai. Vários dos candidatos foram desistindo e, quando o congresso da FIFA se reuniu em Barcelona no dia 18 de maio de 1929 para escolher o país anfitrião, só restava o Uruguai, de modo que a decisão não precisou ser votada. Muitos dos delegados, a grande maioria europeus, olharam-se espantados: onde fica esse país? Naquela época, uma viagem de barco para a América do Sul demandava ao menos doze dias de navegação – Montevidéu ficava do outro lado do mundo. Mas os *orientais* estavam lá por justiça: vinham de ganhar o ouro olímpico em Paris 1924 e em Amsterdã 1928, o que equivalia a ser bicampeão do mundo. Além do mais, o país festejaria em 1930 o centenário da promulgação da sua Constituição, e oferecia pagar os gastos de viagem e hospedagem para todos os participantes, além de construir um monumental estádio para a ocasião. Poucos meses depois, no dia 29 de outubro, veio a *terça-feira negra*, a quebra da bolsa de Wall Street que provocou a grande depressão da economia global. A maioria das federações europeias decidiu não comparecer à Copa do Mundo.

A Inglaterra mantinha o seu afastamento da FIFA e apenas disputava partidas amistosas. Itália e Espanha abdicaram de receber o apoio de uma multidão de torcedores, visto que o Rio da Prata havia recebido centenas de milhares de imigrantes de ambas as penínsulas. Tampouco levaram adiante a travessia transatlântica as representações de Alemanha, Áustria, Hungria, Holanda e Portugal, equipes de peso no contexto europeu.

Ao final, foram 16 os inscritos, mas apenas 13 jogaram. Quais eram os outros três? O Egito, semifinalista olímpico em 1928, zarpou de Alexandria, mas uma tormenta impediu a delegação de chegar a tempo para um novo embarque em Marselha. À diferença dos europeus, os egípcios alimentavam um enorme entusiasmo para jogar o Mundial e enviaram um telegrama sugerindo que o torneio começasse enquanto eles chegavam, mesmo que tivessem de perder os pontos da primeira rodada. O pedido não foi aceito. O Equador desistiu da viagem com antecedência, mediante um telegrama em que mencionava a falta de apoio do governo. Por fim, em cima da hora, a Bulgária decidiu que participaria, desde que recebesse passagens de primeira classe e uma compensação econômica. Pedido negado.

Mesmo que os desenhos predominantes da época fossem monocromáticos e com golas atadas com cordões, as várias ausências europeias reduziram o carrossel de cores possíveis. E, ainda que aquele céu de inverno em Montevidéu fosse majoritariamente cinza, o festejo final tingiu tudo de azul-celeste.

2ª COPA DO MUNDO DE FUTEBOL

Itália
1934

Não eram poucas as camisas que metiam medo: a estreante Alemanha levava, sobre o branco imaculado do seu uniforme (de origem prussiana), uma águia imperial com passado romano e a cruz suástica, cuja genealogia é variada, mas que hoje só se liga à morte.

Em contrapartida, a camisa da Espanha trazia as marcas do momento republicano que viveu entre 1931 e 1939. Ficava fácil de entender, então, por que o escudo da federação havia perdido a coroa que o adornava.

Tchecos e húngaros estreavam com escudos que tinham em comum a cruz de Lorena, filha da cruz de Bizâncio, que tanto esteve presente nas igrejas cristãs do leste europeu e dos arredores. O dos tchecos possuía, ainda, um leão, figura que se repetia nas camisas de Bélgica e Holanda. O leão holandês, por exemplo, vinha do escudo de armas dos Orange, assim como a cor laranja das suas meias, que logo se tornaria também a cor da camisa. Em 1934, a Holanda ainda vestia azul, mesmo que tivesse experimentado o laranja nos Jogos Olímpicos de 1928, celebrados em Amsterdã (onde entrou em campo apenas uma vez, na derrota de 0 × 2 diante do Uruguai).

O Egito se tornava ali a primeira equipe africana a disputar uma Copa do Mundo. Com a sua seleção, chegava às camisas mundialistas o quarto de lua crescente, um dos símbolos mais antigos da história da humanidade e que, do Império Otomano para cá, se converteu em símbolo do islã.

Participantes:	Partidas:	Gols:	Média de gols por partida:	Artilheiro: Oldrich Nejedly (Tchecoslováquia), 5 gols	Destaque: Giuseppe Meazza (Itália)
16	17	70	4,12		

AS COPAS DO MUNDO | **Itália** 1934

Marcadores espanhóis afastam a bola do controle de um jogador brasileiro. **Oitavas de final da Copa do Mundo de 1934, Espanha 3 × 1 Brasil, em Gênova.**

CAMPEÃO

2ª COPA DO MUNDO DE FUTEBOL
Itália
1934

Itália
7 × 1 Estados Unidos
1 × 1 Espanha
1 × 0 Espanha (partida de desempate)
1 × 0 Áustria
2 × 1 Tchecoslováquia
(final, prorrogação)

A segunda Copa do Mundo teve lugar na Itália de Benito Mussolini. Os locais estrearam no torneio com a clássica camisa azul, a cor do brasão da Casa de Savoia, que ocupava o trono no momento da reunificação do país. O azul seria mantido para sempre, mas a camisa de 1934 levava também o escudo de armas dos Savoia e, ao lado, um *fasces*, estranho machado que havia sido símbolo de poder na Roma Antiga e de onde nasce a palavra "fascismo".

AS COPAS DO MUNDO | Itália 1934

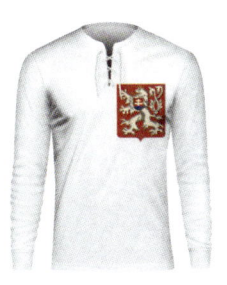

Tchecoslováquia
2 × 1 Romênia
3 × 2 Suíça

Tchecoslováquia
3 × 1 Alemanha
1 × 2 Itália
(prorrogação)

Alemanha
5 × 2 Bélgica
2 × 1 Suécia
1 × 3 Tchecoslováquia
3 × 2 Áustria
(decisão do terceiro lugar)

Áustria
3 × 2 França
(prorrogação)
2 × 1 Hungria
0 × 1 Itália

Áustria
2 × 3 Alemanha
(decisão do terceiro lugar)
emprestada pelo clube Napoli

Espanha
3 × 1 Brasil
1 × 1 Itália
0 × 1 Itália (desempate)

Hungria
4 × 2 Egito
1 × 2 Áustria

Suíça
3 × 2 Holanda
2 × 3 Tchecoslováquia

Suécia
3 × 2 Argentina
1 × 2 Alemanha

Argentina
2 × 3 Suécia

França
2 × 3 Áustria
(prorrogação)

Holanda
2 × 3 Suíça

2ª COPA DO MUNDO
DE FUTEBOL
Itália
1934

Romênia
1 × 2 Tchecoslováquia

Egito
2 × 4 Hungria

Brasil
1 × 3 Espanha

Bélgica
2 × 5 Alemanha

Estados Unidos
1 × 7 Itália

Houve também estranhezas. A Áustria jogou uma partida com uma camisa do Napoli: foi para se diferenciar das cores da Alemanha na decisão pelo terceiro lugar. Perderia por 3 × 2.

A Copa do Mundo foi disputada por eliminatórias diretas desde o primeiro jogo. A Argentina voltaria para casa cedo demais, depois de perder para a Suécia por 3 × 2 na estreia. Melhor se saiu Luis Monti, que, depois de ter sido derrotado na final de 1930 atuando pela Argentina, venceria a de 1934 jogando pela Itália. Foi o único jogador da história a disputar duas finais com camisas distintas.

A classificação para a Copa do Mundo do Uruguai se deu por convite e doze equipes viajaram a Montevidéu, apenas quatro europeias. Mas a Itália ficava bem mais perto para as potências futebolísticas do Velho Continente, e o interesse por participar superou as dezesseis vagas, de modo que, pela primeira vez, foi preciso organizar etapas classificatórias, como a FIFA as chama oficialmente. Assim, a Suécia deixou pelo caminho Estônia e Lituânia, a Espanha eliminou Portugal, a Tchecoslováquia derrotou a Polônia e o Egito a Palestina, então sob controle britânico. Na América do Sul, Brasil e Argentina se classificaram automaticamente pela desistência dos rivais Peru e Chile, respectivamente. Mas algo hoje inimaginável estava na pauta: a Itália, anfitriã do torneio, também precisou disputar as eliminatórias. Em vez de uma rodada de ida e volta, como fizeram os demais, italianos e gregos se enfrentaram em partida única, em Milão, onde a *squadra azzurra* venceu por 4 × 0. Difícil saber o que aconteceria se a Grécia tivesse vencido o duelo.

Outra curiosidade teve lugar na classificatória norte-americana. Sem tempo para levar adiante o formato de ida e volta, Estados Unidos e México viajaram a Roma para se enfrentarem no país sede – a três dias do começo da Copa. No dia 24 de maio, os estadunidenses venceram por 4 × 2 e os mexicanos pegaram o caminho de volta. Mas durou pouco a aventura para os Estados Unidos: no dia 27 de maio, foram goleados por 7 × 1 pela Itália e voltaram para casa. Como as duas equipes vestiam azul, para aquele encontro os Estados Unidos experimentaram uma chamativa camisa vermelha.

Em 1930, no Uruguai, não houve nenhum empate. A primeira igualdade mundialista aconteceu apenas nas quartas de final de 1934, numa partida muito ríspida e com um duelo ideológico e político de fundo: os fascistas italianos contra os republicanos espanhóis. Foi empate em 1 × 1 mesmo depois da prorrogação, em um jogo tão violento que acabou lembrado como "a batalha de Florença". O regulamento previa uma nova partida se o empate persistisse, de modo que voltaram a campo no dia seguinte e à mesma hora, mas, devido à extrema dureza dos *azzurri*, os espanhóis estavam sem sete titulares. Estava ausente o maravilhoso goleiro Zamora, com duas costelas quebradas, bem como Ciriaco, Fede, Gorostiza, Iraragorri, Lafuente e Lángara: todos lesionados. Os locais ganharam por 1 × 0 e seguiram caminho para o título diante dos olhares de Benito Mussolini, que já havia explicado aos seus como funcionava a coisa: era "vencer ou morrer".

3ª COPA DO MUNDO DE FUTEBOL

França
1938

Se é verdade que são abundantes as pistas da história nas camisas de futebol, as que foram utilizadas na Copa do Mundo da França não traziam nenhum bom presságio para a humanidade.

Foram 15 as seleções participantes. O lugar da Áustria ficou vazio porque o país havia sido anexado pela Alemanha nazista; a seleção, também. As camisas dos que jogaram estavam repletas de signos da violência. Os alemães levavam a suástica, os italianos mantinham o machado dos fascistas. Nos símbolos das 15 equipes, havia 9 cruzes, 3 águias e 3 leões. O mundo não parecia o lugar mais acolhedor.

A única camisa que não mostrou um escudo foi a das Índias Orientais, primeiro país asiático a jogar uma Copa do Mundo, mesmo que ainda sob o domínio da Holanda. Curiosamente, usaria a camisa laranja antes mesmo que a própria Holanda. Depois da Segunda Guerra Mundial e da ocupação japonesa, as Índias Orientais Holandesas conseguiriam a independência e formariam a Indonésia. Mas não se classificariam para mais nenhum Mundial: não se pode ter tudo.

Alguns países não participaram da Copa de 1938 por estarem em plena guerra civil ou em guerra com algum vizinho. A maioria dos países americanos decidiu boicotar o campeonato por acreditar que ele deveria ter acontecido na América do Sul. Participaram apenas Cuba, que faria sua primeira e última Copa, e o Brasil, que teve de recorrer a uma camisa alternativa azul, cor que consta na bandeira e que surge, ao que parece, do manto de Nossa Senhora Aparecida, a padroeira do país. Com essa camisa (mais clara que o azul dos calções, e sem escudo), o Brasil venceria a Polônia por 6 × 5 na prorrogação. Era, até ali, a partida com mais gols na história da competição. Uma alegria na última Copa antes do horror.

Participantes:	Partidas:	Gols:	Média de gols por partida:	Artilheiro:	Destaque:
15	18	84	4,66	Leônidas da Silva (Brasil), 7 gols	Leônidas da Silva (Brasil)

AS COPAS DO MUNDO | **França** 1938

Os capitães Meazza e Sarosi trocam cumprimentos antes do começo da partida. **Final da Copa do Mundo da França, 1938. Itália 4 × 2 Hungria, Paris.**

CAMPEÃO

3ª COPA DO MUNDO DE FUTEBOL
França
1938

Itália
2 × 1 Noruega
(prorrogação)
2 × 1 Brasil
4 × 2 Hungria (final)

Itália
3 × 1 França

Antes da estreia diante da Noruega, os italianos fizeram a *saudação romana* frente à multidão de Marselha, que lhes devolveu uma sonora vaia. Nas quartas de final, preparavam-se para o clássico contra a França e, ali, dobraram a aposta da propaganda fascista. A França havia ficado com a tradicional camisa azul e a Itália deveria vestir a alternativa, branca, mas saiu a campo no Estádio Olímpico de Colombes completamente vestida de negro, a cor das camisas dos homens que marcharam sobre Roma para levar Mussolini ao poder. Depois, voltariam à vestimenta *azzurra* para conseguir o primeiro bicampeonato da história.

AS COPAS DO MUNDO | França 1938

Hungria
6 × 0 Índias Orientais Holandesas

Hungria
2 × 0 Suíça
5 × 1 Suécia
2 × 4 Itália (final)

Brasil
6 × 5 Polônia (prorrogação)
Camisa emprestada para a ocasião, sem o distintivo

Brasil
1 × 1 Tchecoslováquia
2 × 1 Tchecoslováquia (desempate)
1 × 2 Itália
4 × 2 Suécia (decisão do terceiro lugar)

Suécia
O primeiro oponente devia ser a Áustria, que, anexada três meses antes pela Alemanha nazista, não compareceu ao torneio
8 × 0 Cuba
1 × 5 Hungria
2 × 4 Brasil (decisão do terceiro lugar)

Tchecoslováquia
3 × 0 Holanda (prorrogação)

Tchecoslováquia
1 × 1 Brasil
1 × 2 Brasil (desempate)

Suíça
1 × 1 Alemanha
4 × 2 Alemanha (desempate)

Suíça
0 × 2 Hungria

Cuba
3 × 3 Romênia
2 × 1 Romênia (desempate)
0 × 8 Suécia

França
3 × 1 Bélgica
1 × 3 Itália

Romênia
3 × 3 Cuba
1 × 2 Cuba (desempate)

3ª COPA DO MUNDO DE FUTEBOL
França
1938

Alemanha
1 × 1 Suíça
2 × 4 Suíça (desempate)

Polônia
5 × 6 Brasil (prorrogação)

Noruega
1 × 2 Itália (prorrogação)

Bélgica
1 × 3 França

Holanda
0 × 3 Tchecoslováquia (prorrogação)

Índias Orientais Holandesas
0 × 6 Hungria

Por muito tempo, foi dito que o único gol olímpico em Copas do Mundo havia sido marcado pelo colombiano Marcos Coll em Lev Yashin, na Copa do Chile, em 1962. Mas os jornais franceses de 1938 revelam que, aos 51 minutos da partida entre Cuba e Romênia, o cubano José Magriña bateu um escanteio que desconcertou o goleiro Dumitru Pavlovici e encontrou as redes, anotando o 2 × 1 parcial. A partida terminaria empatada em 3 × 3.

De volta a Havana, o atacante José Tuñas declarou: "A jogada que mais me emocionou foi o gol marcado por Magriña, em um escanteio que chegou ao gol sem desviar em ninguém". Não há fotos ou vídeos, apenas os textos da época que enaltecem a única participação cubana.

A Argentina pretendia sediar a Copa do Mundo de 1938 e justificava o plano com a alternância continental que deveria reger o campeonato. No entanto, a França recebeu o Mundial. A Asociación del Fútbol Argentino (AFA), contrariada, decidiu não participar do torneio. Retomando o argumento, depois de duas Copas na Europa, defendeu que corresponderia aos argentinos a seguinte: a de 1942. Jules Rimet, presidente da FIFA, visitou Buenos Aires em março de 1939 e se comprometeu a apoiar a candidatura argentina, mas também esteve no Rio de Janeiro e deixou a mesma promessa com os brasileiros. Além disso, Hitler havia defendido a candidatura da Alemanha para organizar o quarto campeonato mundial. Corria o ano de 1939 e eram três os candidatos de peso, mas a Alemanha levava vantagem sobre os sul-americanos quanto à infraestrutura, ainda mais depois dos exitosos Jogos Olímpicos de Berlim, realizados em 1936.

Frente à possibilidade de perder a candidatura, melhor negócio seria dividir a oferta: Adrián Escobar, presidente da AFA, e Osvaldo Palhares, da CBD, assinaram um acordo em que consideravam a possibilidade de uma organização conjunta. Uma Copa no Rio de Janeiro e em Buenos Aires, "distribuindo as partidas em cada cidade de maneira equilibrada". Do lado portenho, haveria dois estádios: o Monumental, que o River Plate havia inaugurado em 1938, e a Bombonera, que naquele momento o Boca Juniors construía e entregaria em 1940. Só que eram planos de agosto de 1939, e no dia 1º de setembro a Alemanha invadiu a Polônia, dando início à Segunda Guerra Mundial. A bola de futebol ficou em segundo plano, tristemente maculada. Adiada, a escolha da sede seria decidida no congresso da FIFA programado para Luxemburgo, em algum momento de 1940. Nunca seria realizado: no dia 10 de maio daquele ano o ducado também foi invadido pelos nazistas. Um mês depois, Holanda, Bélgica e França também se rendiam diante do estupor que desencadeava o poderio bélico germânico. Ninguém mais pensava que seria possível organizar uma Copa do Mundo em 1942. Sequer se sonhava com um horizonte de futebol para 1946. O horror da guerra forçou um doloroso parêntese para as Copas.

Naqueles anos 1940, a Argentina contou com uma geração dourada que venceu o Sul-Americano de 1941 e o tricampeonato continental de 1945, 46 e 47. Uruguai (42) e Brasil (49) repartiram os demais títulos da década. O que teria acontecido se as Copas de 1942 e 1946 tivessem sido disputadas ficará para sempre como um exercício de imaginação.

A tragédia humana da Segunda Guerra chegou ao fim, espalhando sequelas que perduram até hoje. No final de julho de 1946, em Luxemburgo, a FIFA escolheu o Brasil como a sede da próxima Copa do Mundo, que finalmente se disputaria em 1950. O mundo já era outro, com "novos países", novas seleções... e novas camisas, que carregavam as mudanças políticas em suas cores e em seus escudos.

4ª COPA DO MUNDO DE FUTEBOL

Brasil
1950

Apagados os últimos fogos da guerra, o futebol teve outra vez um encontro mundial e, vinte anos depois, voltava à América.

A seleção brasileira estreou com uma goleada de 5 × 0 sobre o México no Maracanã. Semanas mais tarde, sofreriam a derrota mais traumática da sua história – tanto que jamais voltariam a vestir uma camisa branca em Copas do Mundo.

O México também protagonizou um episódio de certa estranheza: no dia 2 de julho, para enfrentar a Suíça, que também usava uniforme vermelho, entrou em campo com a camisa azul e branca emprestada pelo Cruzeiro de Porto Alegre. Foi derrotado por 2 × 1.

A Espanha voltava à Copa depois de dezesseis anos. Aquele escudo livre de coroas que identificava a camisa da Segunda República havia sido substituído pela águia dos reis católicos: sinal de que os falangistas do Generalíssimo Francisco Franco tinham vencido a guerra. Dez anos depois, no entanto, havia caído a proibição da camisa vermelha, antes vetada por ser demasiado... *encarnada*. Inversamente, a camisa italiana aparecia no torneio livre das antigas insígnias fascistas.

A da Iugoslávia foi a primeira a exibir sinais da iconografia socialista. Seu escudo mostrava seis tochas ardendo juntas, representando a irmandade das repúblicas: Bósnia e Herzegovina, Croácia, Eslovênia, Macedônia, Montenegro e Sérvia. O ano 2000 as veria desunidas e disputando entre si as vagas nas eliminatórias.

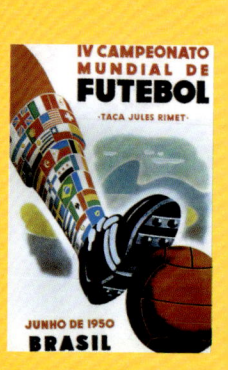

Participantes:	Partidas:	Gols:	Média de gols por partida:	Artilheiro: **Ademir** (Brasil), 8 gols	Destaque: **Obdulio Varela** (Uruguai)
13	22	88	4,00		

AS COPAS DO MUNDO | **Brasil** 1950

Alberto Schiaffino anota o empate diante do Brasil, no Maracanã. **Partida decisiva da Copa do Mundo do Brasil, 1950, Uruguai 2 × 1 Brasil, Rio de Janeiro.**

CAMPEÃO

4ª COPA DO MUNDO DE FUTEBOL
Brasil
1950

Uruguai
8 × 0 Bolívia
2 × 2 Espanha
3 × 2 Suécia
2 × 1 Brasil
(decisão do título)

Aquela camisa celeste com cordões de 1930 deu lugar a um uniforme mais prático, com gola em V. Duas Copas disputadas, dois títulos – recorde impecável –, sempre com uma camisa celeste lisa com detalhes brancos, sem escudo. A FIFA incorporou para o torneio de 1950 os números nas costas e os *orientais* optaram por algarismos em vermelho, que traziam diferenças de uma camisa para outra. Resta uma incógnita: quando enfrentou a Espanha na fase final (em sistema de todos contra todos, sem *finalíssima*), o Uruguai luziu um laço de fita na camisa. Os historiadores não entraram em consenso nem sobre a cor do adereço nem sobre a razão de seu uso.

AS COPAS DO MUNDO | **Brasil** 1950

Brasil
4 × 0 México
2 × 2 Suíça
2 × 0 Iugoslávia
7 × 1 Suécia
6 × 1 Espanha
1 × 2 Uruguai (decisão do título)

Suécia
3 × 2 Itália
2 × 2 Paraguai
1 × 7 Brasil
2 × 3 Uruguai
3 × 1 Espanha

Espanha
3 × 1 Estados Unidos
1 × 0 Inglaterra
2 × 2 Uruguai
1 × 6 Brasil
1 × 3 Suécia

Espanha
2 × 0 Chile

Iugoslávia
3 × 0 Suíça
4 × 1 México
0 × 2 Brasil

Suíça
0 × 3 Iugoslávia
2 × 2 Brasil
2 × 1 México

Itália
2 × 3 Suécia
2 × 0 Paraguai

Inglaterra
2 × 0 Chile
0 × 1 Espanha

Inglaterra
0 × 1 Estados Unidos

Chile
0 × 2 Inglaterra
0 × 2 Espanha
5 × 2 Estados Unidos

Estados Unidos
1 × 3 Espanha
1 × 0 Inglaterra
2 × 5 Chile

Paraguai
2 × 2 Suécia
0 × 2 Itália

4ª COPA DO MUNDO
DE FUTEBOL
Brasil
1950

México
0 × 4 Brasil
1 × 4 Iugoslávia

México
1 × 2 Suíça
Camisa emprestada pelo Cruzeiro de Porto Alegre

Bolívia
0 × 8 Uruguai

Os inventores do futebol, curiosamente, foram se juntar ao certame mundialista em 1950. A Inglaterra, vestindo camisas brancas, estreou vencendo o Chile e caiu para a Espanha. Entre as duas partidas, usando azul, perdeu também para os Estados Unidos. Nas três partidas, levou no peito o escudo dos três leões que derivava do brasão de armas de Ricardo I (o *Coração de Leão*) e representava seus três títulos (rei da Inglaterra, duque da Normandia e duque da Aquitânia). A seleção usava o brasão desde 1872, quando enfrentou a Escócia na primeira partida internacional da história. Havia acrescentado em 1949 as 10 rosas alvirrubras, símbolo da dinastia Tudor que governou a ilha entre 1485 e 1603.

A Copa do Mundo do Brasil foi a primeira a ter camisas numeradas. Havia antecedentes dispersos: algum time australiano dos anos 1920, outro clube dos Estados Unidos. A primeira vez regulamentada foi a final da FA Cup (Inglaterra) de 1933, em que o Arsenal apresentou camisas do 1 ao 11 e o Sheffield Wednesday, do 12 ao 22. Os números se tornaram obrigatórios no futebol das ilhas em 1939, costume interrompido – também esse – pela guerra. Reapareceram nas camisas em 1945.

A volta das Copas foi decidida pela FIFA em 1947: a seguinte seria disputada no Brasil, em 1950. A Argentina escolheu não jogar, segundo parte da imprensa, por discrepâncias acerca da organização e pela rivalidade entre a AFA e a CBD. No entanto, o argumento mais plausível apareceu em 1948: os jogadores pediam melhores salários e, com a negativa dos clubes, declararam-se em greve. Ao mesmo tempo, chegava uma notícia curiosa: Neil Franklin, *centre half* da seleção inglesa, deixava o Stoke City e rumava ao Millonarios, de Bogotá. O futebol colombiano não estava filiado à FIFA e, ao se encontrar do lado de fora do sistema, seus clubes não precisavam pagar o passe ao time de origem. A Colômbia, especialmente o Millonarios, oferecia rios de dinheiro aos jogadores – e, por lá, desembarcaram Pedernera, Di Stéfano, Pontoni, Rossi... A Colômbia se tornava El Dorado. Os clubes argentinos perderam alguns dos seus craques, que, ao atuarem na Colômbia, tampouco podiam jogar pela seleção. Alguns argumentavam que frente à impossibilidade de enviar ao Mundial um elenco poderoso e assegurar ao menos um papel digno, o governo de Perón preferiu se abster.

Não foi a única baixa do torneio. A Alemanha, potência derrotada na guerra, tinha sofrido sanções e viu-se impedida de participar. Os países comunistas, por outro lado, abdicaram da disputa por conta própria.

Em 4 de maio de 1949, o Torino, que ostentava a supremacia absoluta no *calcio* e contava com nove titulares da seleção italiana, voltava de uma excursão por Lisboa. O avião FIAT lutou como pôde contra uma tempestade furiosa, mas a aeronave se chocou contra a colina de Superga. "*È morto il Torino*" foi a manchete lida em toda a Itália, que perdia praticamente toda a sua seleção. Diluíam-se assim as altíssimas expectativas que os italianos tinham de ficar em definitivo com a taça, que seria entregue ao primeiro tricampeão do torneio.

Os escoceses ganharam seu lugar acompanhando a Inglaterra no Home Championship (o torneio britânico), mas renunciaram porque a honra não os permitiria participar com a segunda vaga. A FIFA ofereceu esse posto a Portugal e França, mas ambos recusaram o convite.

Pela Ásia, inscreveram-se Birmânia, Filipinas e Índia – esta última ganhou o direito de viajar ao Brasil, mas não levou a intenção a cabo. Historicamente, acreditou-se que a desistência indiana se devia à proibição da FIFA quanto a jogarem descalços, como era o costume. A realidade é que não viajaram porque não haveria tempo suficiente para a devida preparação.

Equador, Paraguai, Peru e Uruguai deveriam disputar as classificatórias no Rio de Janeiro, algo que a FIFA havia decidido a pedido do Brasil, que assim testaria a sua sede. Quando chegaram à cidade maravilhosa, uruguaios e paraguaios se surpreenderam com a ausência das seleções de Peru e Equador, o que automaticamente os classificava. Para aproveitar a viagem, marcaram um amistoso, que o Paraguai venceu por 3 × 2... sem saber que derrotava o futuro campeão do mundo.

5ª COPA DO MUNDO DE FUTEBOL

Suíça
1954

A Copa do Mundo voltava à Europa depois da guerra – e justamente para um dos países que, graças à sua neutralidade, havia se mantido em pé: a Suíça. A Escócia, protagonista da primeira partida internacional da história, ainda em 1872, disputava sua primeira Copa do Mundo sete décadas depois daquele jogo. E o fazia com a tradicional camisa azul-escuro, que ressaltava o escudo com um leão erguido acompanhado por onze cardos. O grande felino foi adotado como brasão real nos começos do século XII por Guilherme I da Escócia, conhecido como "Guilherme, o Leão", e o cardo carrega consigo uma lenda: durante a invasão dos dinamarqueses, um dos invasores teria pisado num cardo e lançado um grito de dor, alertando assim os defensores da presença do inimigo.

Na camisa húngara, a estrela vermelha e o martelo cruzado com a espiga de trigo haviam substituído o antigo escudo com a cruz bizantina. A Tchecoslováquia foi mais prática e pôs o leão "de antes" dentro de uma estrela "de agora". A Áustria regressou aos Mundiais com a águia do seu escudo, nada socialista – mesmo que, se olharmos bem, percebamos uma foice e um martelo em seus pés. A Turquia trouxe na camisa o quarto de lua crescente com a estrela de cinco pontas, herança da bandeira do Império Otomano. E a Coreia do Sul exibiu o símbolo azul e vermelho do *yin-yang* no centro da bandeira, conhecido como o círculo *taeguk*. E, nos cantos, havia um trigrama originado do *I Ching* chinês a representar cada um dos elementos da natureza: terra, ar, água e fogo. Atributos bem mais transcendentes que a sua estreia em Copas do Mundo: duas partidas disputadas, duas derrotas, nenhum gol anotado, dezesseis gols sofridos.

Participantes:	Partidas:	Gols:	Média de gols por partida:	Artilheiro:	Destaque:
16	26	140	5,38	Sándor Kocsis (Hungria), 11 gols	Ferenc Puskás (Hungria)

AS COPAS DO MUNDO | **Suíça** 1954

Ferenc Puskás (E) chuta enquanto Werner Liebrich (D), da Alemanha Ocidental, tenta o bloqueio. **Final, Alemanha 3 × 2 Hungria.**

CAMPEÃO

Alemanha Ocidental
4 × 1 Turquia
3 × 8 Hungria
2 × 0 Iugoslávia
3 × 2 Hungria (final)

Alemanha Ocidental
7 × 2 Turquia (desempate)
6 × 1 Áustria

A Alemanha abandonou a suástica, mas manteve na camisa a águia de origem romana. Participou como Alemanha Ocidental e, ainda que em 1949 tenha adotado a bandeira negra, vermelha e dourada da República de Weimar (1918-1933), o uniforme da seleção seguiu com as cores prussianas dos primórdios: o branco e o preto. Estreou na Copa a camisa alternativa verde, uma cor que já constava no escudo da Federação alemã desde 1926 e que, possivelmente, tenha origem na grama dos estádios de futebol ou, informação nunca confirmada, no agradecimento à Irlanda, o primeiro país que enfrentou futebolisticamente depois da Segunda Guerra.

AS COPAS DO MUNDO | Suíça 1954

Hungria
9 × 0 Coreia do Sul
8 × 3 Alemanha Ocidental
4 × 2 Brasil
4 × 2 Uruguai (prorrogação)
2 × 3 Alemanha Ocidental (final)

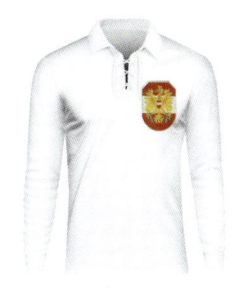

Áustria
1 × 0 Escócia
5 × 0 Tchecoslováquia
7 × 5 Suíça
1 × 6 Alemanha Ocidental

Áustria
3 × 1 Uruguai (decisão do terceiro lugar)

Uruguai
2 × 0 Tchecoslováquia
7 × 0 Escócia
4 × 2 Inglaterra
2 × 4 Hungria (prorrogação)
1 × 3 Áustria (decisão do terceiro lugar)

Suíça
2 × 1 Itália
0 × 2 Inglaterra
4 × 1 Itália (desempate)
5 × 7 Áustria

Brasil
5 × 0 México
1 × 1 Iugoslávia (prorrogação)
2 × 4 Hungria

Inglaterra
4 × 4 Bélgica (prorrogação)
2 × 0 Suíça
2 × 4 Uruguai

Iugoslávia
1 × 0 França

Iugoslávia
1 × 1 Brasil (prorrogação)
0 × 2 Alemanha Ocidental

França
0 × 1 Iugoslávia
3 × 2 México

Itália
1 × 2 Suíça
4 × 1 Bélgica
1 × 4 Suíça (desempate)

Turquia
1 × 4 Alemanha Ocidental

Turquia
7 × 0 Coreia do Sul
2 × 7 Alemanha Ocidental (desempate)

Bélgica
4 × 4 Inglaterra (prorrogação)
1 × 4 Itália

México
0 × 5 Brasil
2 × 3 França

Tchecoslováquia
0 × 2 Uruguai

Tchecoslováquia
0 × 5 Áustria

Escócia
0 × 1 Áustria
0 × 7 Uruguai

Coreia do Sul
0 × 9 Hungria

Coreia do Sul
0 × 7 Turquia

Depois do *Maracanazo*, o Brasil se desfez da camisa branca e adotou a *verde-amarela*. O criador foi o escritor e desenhista gráfico Aldyr Garcia Schlee, que com apenas 19 anos venceu um concurso organizado pela CBD. Schlee, nascido em Jaguarão, Rio Grande do Sul, era, paradoxalmente, um brasileiro que torcia para o futebol uruguaio. Assim eram retomados o verde e o amarelo da bandeira, inspirados nas cores das casas reais de Bragança e Habsburgo, as do imperador Pedro I e da imperatriz Maria Leopoldina. O Brasil tornou-se independente sendo uma monarquia, muito antes de contar com o Rei Pelé.

Já na Copa do Mundo de 1950, no Rio de Janeiro, foram feitas algumas tentativas muito experimentais de televisão em circuito fechado a partir do Maracanã. Mas foi preciso esperar mais para que as camisas da Copa do Mundo aparecessem nas telas. No dia 16 de julho de 1954, começava o quinto Mundial e, enquanto Iugoslávia e França avançavam pelo túnel do estádio La Pontaise, de Lausanne, uma câmera de televisão transmitia tudo ao vivo para os nove países que faziam parte do novo consórcio Eurovision. Ainda sem satélites, aquele foi o ponto de partida da vinculação comercial entre o futebol e a TV. As imagens pioneiras chegaram por cabo coaxial aos torcedores de França, Itália, Bélgica, Holanda, Dinamarca, Luxemburgo, Reino Unido, Alemanha e, claro, Suíça.

As camisas de França e Iugoslávia eram azuis e vermelhas, respectivamente, mas para os telespectadores que puderam sintonizar no jogo eram, na verdade, cinza escuro e cinza claro. A honra do primeiro gol televisionado em Copas recaiu sobre o sérvio Miloš Milutinović, que aos 15 de minutos de jogo marcou, com um belo chute de perna direita que bateu o goleiro François Remetter, o 1 × 0 definitivo para a Iugoslávia. Os iugoslavos, de futebol ofensivo e alegre, impediram o avanço dos franceses, mas acabaram derrotados pelo poderio da campeã Alemanha Ocidental.

Se hoje o sobrenome Milutinović soa familiar, isso se deve a Bora, o irmão mais novo de Miloš, que treinou cinco seleções em cinco Copas. Menos famoso, Miloš (apelidado de *Plava Čigra*, o peão loiro) ganhou seu espaço na história das Copas por ter anotado o primeiro de tantos gols mundialistas que foram vistos pela televisão.

Aquela Copa do Mundo presenteou os espectadores europeus com uma torrente de gols quando, pelas quartas de final, os suíços receberam a Áustria no clássico dos Alpes: com 19 minutos de partida, o placar mostrava 3 × 0 para a Suíça, mas a Áustria reagiu de maneira explosiva e, entre os minutos 25 e 34, anotou cinco gols. Ao final, o balé vienense terminou com a goleada por 7 × 5 no que segue sendo, quase sete décadas depois, o placar mais exagerado de todas as Copas do Mundo.

6ª COPA DO MUNDO DE FUTEBOL

Suécia
1958

A Copa do Mundo da Suécia marcou o retorno da seleção argentina aos mundiais, depois de vinte e quatro anos. E o regresso se deu com a habitual camisa celeste e branca, embora tenha trajado também uma amarela. A cor destoante foi trajada em Malmö, no dia em que iria enfrentar a Alemanha Ocidental na estreia e as camisas das duas equipes se confundiam na transmissão televisiva em preto e branco. A solução foi utilizar as camisas emprestadas pelo IFK, clube daquela cidade, no duelo que terminou em 3 × 1 para os então campeões do mundo. Não à toa que atores têm superstição contra a cor amarela. A Irlanda do Norte acrescentou outra cruz ao concerto das camisas mundialistas, desta vez uma cruz celta, encontro possível entre as tradições cristãs e os mais pagãos costumes celtas.

Outra camisa estreante foi a vermelha da União Soviética, que, à diferença das demais camisas dos países socialistas, não carregava nenhum escudo. Nem martelos, espigas ou tratores. Apenas quatro letras no peito: CCCP, acrônimo de União das Repúblicas Socialistas Soviéticas. Союз Советских Социалистических Республик, de acordo com o nome em russo. A cor era obviamente o vermelho da bandeira e de todas as expressões socialistas e da reivindicação dos oprimidos do mundo. A URSS vinha de receber a medalha de ouro no futebol dos Jogos Olímpicos de Melbourne, em 1956, e ganharia a primeira edição da Eurocopa, em 1960. Também começava o seu caminho em Copas o País de Gales, que adicionou uma colorida novidade ao desfile existente de águias e leões: um dragão. O *Ddraig Goch*, o Dragão Galês, está presente na bandeira deste país do Reino Unido desde 1959. Segundo a lenda, o Dragão vermelho derrotou o branco, que encarnava o mal. Não se pode deixar de notar a coincidência entre a cor do dragão vencido e a da bandeira inglesa.

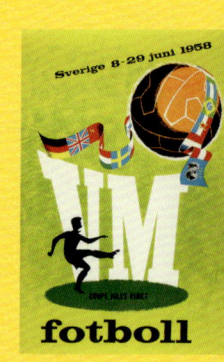

Participantes:	Partidas:	Gols:	Média de gols por partida:	Artilheiro:	Destaque:
16	35	126	3,60	Just Fontaine (França), 13 gols	Pelé (Brasil)

AS COPAS DO MUNDO | **Suécia** 1958

Pelé assiste à defesa do goleiro francês Claude Abbes. **Semifinal da Copa do Mundo de 1958, Brasil 5 × 2 França, Solna.**

CAMPEÃO

Brasil
5 × 2 Suécia (final)

Brasil
3 × 0 Áustria
0 × 0 Inglaterra
2 × 0 URSS
1 × 0 País de Gales
5 × 2 França

Ambos os finalistas, Brasil e Suécia, vestiam camisas amarelas. O Brasil perdeu o sorteio e teve de mudar. Embora usassem camisas azuis nos treinos, pensaram que não era adequado jogar uma final com o uniforme de treino. Então Paulo Machado de Carvalho, chefe da delegação brasileira, comprou um jogo de camisas azuis num comércio perto do hotel. O massagista e o médico da delegação tiveram de descosturar os escudos das camisas amarelas e costurá-los nas azuis, além de bordar os números. Trouxe sorte – foi vitória por 5 × 2.

AS COPAS DO MUNDO | Suécia 1958

Suécia
3 × 0 México
2 × 1 Hungria
0 × 0 País de Gales
2 × 0 URSS
3 × 1 Alemanha Ocidental
2 × 5 Brasil (final)

França
7 × 3 Paraguai
2 × 3 Iugoslávia
2 × 1 Escócia
4 × 0 Irlanda do Norte
2 × 5 Brasil
6 × 3 Alemanha Ocidental (decisão do terceiro lugar)

Alemanha Ocidental
3 × 1 Argentina
2 × 2 Tchecoslováquia
2 × 2 Irlanda do Norte
1 × 0 Iugoslávia
1 × 3 Suécia
3 × 6 França (decisão do terceiro lugar)

País de Gales
1 × 1 Hungria

País de Gales
1 × 1 México
0 × 0 Suécia
2 × 1 Hungria (desempate)
0 × 1 Brasil

União das Repúblicas Socialistas Soviéticas
2 × 2 Inglaterra
2 × 0 Áustria
0 × 2 Brasil
1 × 0 Inglaterra (desempate)
0 × 2 Suécia

Irlanda do Norte
1 × 0 Tchecoslováquia
1 × 3 Argentina
2 × 2 Alemanha Ocidental
2 × 1 Tchecoslováquia (desempate)
0 × 4 França

Iugoslávia
1 × 1 Escócia
3 × 3 Paraguai
0 × 1 Alemanha Ocidental

Iugoslávia
3 × 2 França

Tchecoslováquia
0 × 1 Irlanda do Norte
2 × 2 Alemanha Ocidental

Tchecoslováquia
6 × 1 Argentina
1 × 2 Irlanda do Norte (desempate)

Hungria
1 × 1 País de Gales
1 × 2 Suécia
4 × 0 México

Hungria
1 × 2 País de Gales (desempate)

Inglaterra
2 × 2 URSS
0 × 0 Brasil
2 × 2 Áustria
0 × 1 URSS (desempate)

Paraguai
3 × 7 França
3 × 2 Escócia
3 × 3 Iugoslávia

Argentina
1 × 3 Alemanha Ocidental
Camisa emprestada pelo clube IFK Malmö

Argentina
3 × 1 Irlanda do Norte
1 × 6 Tchecoslováquia

Escócia
1 × 1 Iugoslávia
1 × 2 França

Escócia
2 × 3 Paraguai

Áustria
0 × 3 Brasil
0 × 2 URSS

Áustria
2 × 2 Inglaterra

México
0 × 3 Suécia
1 × 1 País de Gales
0 × 4 Hungria

Assim como a Suíça, sede da Copa do Mundo de 1954, a Suécia também havia se mantido neutra na Segunda Guerra e não sofreu suas tenebrosas consequências. O argumento mais sólido da candidatura foram os doze estupendos estádios com que contava, um novo recorde para a Copa. E por falar em bater marcas, as eliminatórias estiveram à altura, já que 53 seleções disputavam 15 vagas.

O Real Madrid dominava o cenário europeu com a conquista das primeiras Copas dos Campeões (hoje Champions League). A seleção espanhola ganhava *status* de favorita para se impor no torneio sueco, mas tropeçou contra a Escócia nas eliminatórias e voltou a ficar de fora. Outro candidato de peso, graças ao protagonismo dos seus clubes, era a Itália. Inesperadamente, a *azzurra* não conseguiu passar pela Irlanda, que assim ganhava o primeiro bilhete para disputar um Mundial.

A Inglaterra liderou com folga o Grupo 1 da classificatória europeia e aos ingleses se somou o País de Gales, completando assim a cartela das seleções britânicas: a Copa de 1958 foi a única em que participaram as quatro. Para chegar lá, os galeses superaram uma repescagem (palavra nova à época) contra Israel, que chegava naquela etapa sem jogar, visto que seus rivais, um a um, haviam desistido da competição: primeiro a Turquia, logo a Indonésia e por fim o Sudão, no grupo que mesclava asiáticos e africanos.

Outra ausência notável foi a do Uruguai, que em 1956 havia sido campeão sul-americano. A estrondosa vitória do Paraguai por 5 × 0, em Assunção, deixou a *celeste* fora do páreo para a revanche em Montevidéu. Os guaranis levariam a camisa alvirrubra pela terceira vez às Copas; viajariam sem mostrar no peito o escudo da Liga Paraguaia, mesmo caso dos argentinos, que ainda não carregavam na camisa o emblema da AFA.

A fotografia em cores já existia (Agfacolor e Kodachrome), mas era um luxo que ainda não havia alcançado massivamente os meios de comunicação. Eram raras as imagens tiradas a pura cor, a maioria seguia operando em preto e branco — as revistas recorriam aos artistas do pincel para pintar à mão as imagens que depois seriam impressas em cores.

Em preto e branco foram feitas as fotos do primeiro empate em 0 × 0 da história das Copas, protagonizado por Inglaterra e Brasil em Gotemburgo. Haviam sido disputados até então 109 jogos desde o pontapé inicial de 1930, e sempre alguém havia anotado ao menos um gol.

Esta foi a primeira Copa do Mundo sem Jules Rimet, o francês que ocupou a presidência da FIFA por 33 anos (1921-1954) e havia idealizado a competição. Era ele o encarregado de entregar o troféu, que desde essa edição leva o seu nome. De modo que foi Gustavo VI, rei da Suécia, quem assumiu a tarefa — e com um imenso sorriso concedeu a taça ao capitão brasileiro Bellini... A mesma taça que, oito anos antes, havia escapado em pleno Maracanã.

7ª COPA DO MUNDO DE FUTEBOL

Chile
1962

A Copa do Chile marcou a estreia mundialista da seleção da Colômbia. Os colombianos debutaram com uma camisa azul que representava o oceano de todas as bandeiras dos países da Grã-Colômbia de Bolívar e Miranda (Colômbia, Venezuela e Equador). O amarelo atual apareceu há pouco, nas eliminatórias para a Copa de 1986, como alternativa a um uniforme alaranjado. O desempenho colombiano não foi bom: derrota por 2 × 1 na estreia contra o Uruguai e, na despedida, goleada por 5 × 0 para a Iugoslávia. Entre os dois jogos, protagonizou uma partida inesquecível com a União Soviética: foi empate em 4 × 4 num encontro em que perdia por 4 × 1 faltando pouco mais de vinte minutos. Nasceu ali a piada de que a sigla CCCP da camisa soviética quer dizer "Contra a Colômbia *Casi* Perdemos".

Outro azul a estrear no Mundial do Chile foi o azul "reserva" da Argentina. Não começaria bem essa cor: seria com derrota para a Inglaterra, por 3 × 1. A azul teria a sua revanche contra os ingleses vinte e quatro anos depois, naquela que foi, para tantos, a partida mais importante da história do futebol argentino: o 2 × 1 da Copa do México, em 1986.

Uma curiosidade foi acrescentada pela seleção uruguaia, que decidiu não inscrever nenhum jogador com a camisa número 13; no lugar, constava na lista o número 23, o da camisa do atacante Guillermo Escalada.

Somou-se às estranhezas do evento a estreia em Copas da camisa alternativa uruguaia, de cor vermelha. Ela havia sido usada certa vez no Sul-Americano de 1935 e tinha origem na primeira camisa do país, a azul e vermelha que homenageava o Albion, pioneiro clube de Montevidéu. O jornalista Rómulo Martínez Chenlo afirma que a ditadura que governou o Uruguai entre 1973 e 1985 proibiu a camisa alternativa vermelha por razões "ideológicas". Conhecendo a forma com que funcionam as ditaduras e a costumeira atividade cognitiva desses regimes, ninguém poderia descartar a hipótese.

Participantes:	Partidas:	Gols:	Média de gols por partida:	Artilheiros: Garrincha (Brasil), Vavá (Brasil), Leonel Sánchez (Chile), Ivanov (URSS), Jerkovic (Iugoslávia) e Albert (Hungria), 4 gols	Destaque: Garrincha (Brasil)
16	32	89	2,78		

AS COPAS DO MUNDO | **Chile** 1962

Vavá, do Brasil, supera o goleiro tchecoslovaco Viliam Schrojf. **Final da Copa do Mundo de 1962, Brasil 3 × 1 Tchecoslováquia, Santiago.**

CAMPEÃO

Brasil
2 × 0 México
0 × 0 Tchecoslováquia
2 × 1 Espanha
3 × 1 Inglaterra
4 × 2 Chile
3 × 1 Tchecoslováquia (final)

Na Copa de Garrincha, o Brasil vestiu camisas da marca Athleta, a mesma do Mundial da Suécia em 1958. A principal diferença entre os modelos estava na gola, agora com maior preponderância do verde em relação ao torneio anterior. As mangas longas foram decisivas para amenizar as baixas temperaturas do outono chileno. Pepe, atacante daquele elenco bicampeão do mundo, recorda que os jogadores do Brasil queriam sempre vestir a camisa canarinho, evitando o uniforme reserva.

AS COPAS DO MUNDO | Chile 1962

Tchecoslováquia
1 × 0 Espanha
0 × 0 Brasil
1 × 3 México
1 × 0 Hungria
3 × 1 Iugoslávia
1 × 3 Brasil (final)

Chile
3 × 1 Suíça
2 × 1 URSS

Chile
2 × 0 Itália
0 × 2 Alemanha Ocidental
2 × 4 Brasil
1 × 0 Iugoslávia (decisão do terceiro lugar)

Iugoslávia
0 × 2 URSS
1 × 0 Alemanha Ocidental
1 × 3 Tchecoslováquia

Iugoslávia
3 × 1 Uruguai
5 × 0 Colômbia
0 × 1 Chile (decisão do terceiro lugar)

Hungria
2 × 1 Inglaterra
6 × 1 Bulgária
0 × 0 Argentina
0 × 1 Tchecoslováquia

União das Repúblicas Socialistas Soviéticas
2 × 0 Iugoslávia
4 × 4 Colômbia
2 × 1 Uruguai
1 × 2 Chile

Alemanha Ocidental
0 × 0 Itália
2 × 1 Suíça

Alemanha Ocidental
2 × 0 Chile
0 × 1 Iugoslávia

Inglaterra
1 × 2 Hungria
3 × 1 Argentina
1 × 3 Brasil

Inglaterra
0 × 0 Bulgária

Itália
0 × 0 Alemanha Ocidental
0 × 2 Chile
3 × 0 Suíça

Argentina
1 × 0 Bulgária
0 × 0 Hungria

Argentina
1 × 3 Inglaterra

México
0 × 2 Brasil
0 × 1 Espanha

México
3 × 1 Tchecoslováquia

Espanha
0 × 1 Tchecoslováquia
1 × 0 México
1 × 2 Brasil

Uruguai
2 × 1 Colômbia

Uruguai
1 × 3 Iugoslávia
1 × 2 URSS

Colômbia
1 × 2 Uruguai
4 × 4 URSS
0 × 5 Iugoslávia

Bulgária
0 × 1 Argentina

Bulgária
1 × 6 Hungria
0 × 0 Inglaterra

Suíça
1 × 3 Chile
1 × 2 Alemanha Ocidental
0 × 3 Itália

O Congresso da FIFA, reunido em Lisboa no dia 10 de junho de 1956, escolheria a sede da Copa de 1962. O Chile havia se candidatado em 1954, assim como Argentina e Alemanha Ocidental, que depois desistiria. Liderado pelo dirigente Carlos Dittborn, o comitê da Federação de Futebol do Chile visitou vários países com o intuito de convencê-los da capacidade chilena para organizar o Mundial.

Raúl Colombo, presidente da AFA, finalizou a sua exposição no congresso com um discurso otimista: "poderíamos começar a Copa do Mundo amanhã mesmo. Temos tudo pronto". Dittborn apresentou quatro argumentos para justificar a candidatura chilena: participação assídua em torneios e congressos realizados pela FIFA, clima esportivo, tolerância de credo e raça e estabilidade política e institucional. Em uma resposta alusiva ao dirigente argentino, prometeu: "porque nada temos, faremos tudo", dizem que disse. As suas palavras impactaram. A frase foi gravada a fogo na alma do povo chileno. Por fim, o Chile foi eleito como país sede com 32 votos, contra 10 da Argentina; houve 14 votos em branco.

Com apoio do governo, começaram as obras. Até que, no sábado, 21 de maio de 1960, a terra tremeu, causando pânico em todo o país. Às três da tarde do domingo 22, aconteceu o pior: um terremoto de 9,5 graus na escala Richter com epicentro em Valdivia arrasou com as cidades ao sul de Tacna, provocando mais de 50 mil mortes e atingindo mais de 2 milhões de habitantes. Foi o movimento sísmico mais devastador já registrado na história da humanidade. Terminava ali o sonho da Copa do Mundo do Chile – Dittborn tratou de se reunir com o presidente Jorge Alessandri para devolver o dinheiro que o Estado havia destinado ao torneio. As urgências eram outras. Mas o futebol se solidarizou para manter o campeonato em solo chileno: diversas federações colaboraram e a FIFA fez doações em dinheiro.

O terremoto forçou modificações em toda a programação da Copa. Talca, Concepción, Talcahuano e Valdivia estavam totalmente destruídas e foram descartadas como sedes. Valparaíso e Antofagasta declinaram dessa honra, porque não podiam financiar seus estádios. Mas a prefeitura de Viña del Mar e as autoridades de Arica conseguiram remodelar suas sedes esportivas, enquanto a Braden Copper Company, proprietária da mina de cobre El Teniente, permitiu que o seu estádio em Rancagua fosse utilizado no Mundial. Com três sedes além da capital, Santiago, a Copa do Mundo poderia ser disputada. Quatro cidades para quatro grupos.

Trinta e dois dias antes do começo do torneio, em 28 de abril de 1962, Carlos Dittborn morreu vitimado por uma parada cardíaca. Tinha apenas 41 anos. Em sua honra, a seleção chilena acrescentou uma faixa negra de luto sob o escudo da camisa nacional.

8ª COPA DO MUNDO DE FUTEBOL

Inglaterra 1966

A Copa do Mundo de 1966 foi a primeira a contar com uma mascote, o leão Willy. Uma ideia inocente que logo desataria um desfile de personagens desnecessários: gauchinhos, laranjinhas, *mariachis*, diversos animais e até uma entidade geométrica indefinida que se fez presente na Itália, em 1990. Como se vinha contando, o leão era um animal presente em muitas das camisas das seleções que representavam monarquias europeias, e a Inglaterra não era exceção: na verdade, contava com três. Alguns campeonatos depois, chegaram às camisas leões de origens menos nobres, mas bastante mais simpáticas; caso dos leões africanos.

O animal mais relevante da Copa do Mundo, no entanto, acabou por ser um cachorro de nome Pickles, que encontrou enterrado o troféu Jules Rimet – a taça havia sido roubada dias antes do início do torneio, quando estava em exibição no Westminster Central Hall de Londres.

A taça Jules Rimet foi conquistada em definitivo pelo Brasil em 1970, depois de ter vencido a Copa por três vezes. O troféu, feito de ouro, foi roubado novamente em 1983, na sede da CBF e, segundo a confissão dos ladrões, derretido pouco tempo depois.

A Alemanha Ocidental, vice-campeã, usou duas camisas praticamente iguais, exceto pelo formato da gola: uma redonda, outra em V. Supõe-se que exista uma razão, mas apenas porque se trata da Alemanha. Se fosse qualquer outro país, teria sido só um descuido.

Participantes:	Partidas:	Gols:	Média de gols por partida:	Artilheiro: Eusébio (Portugal), 9 gols	Destaque: Franz Beckenbauer (Alemanha Ocidental)
16	32	89	2,78		

AS COPAS DO MUNDO | Inglaterra 1966

Geoff Hurst marca o polêmico terceiro gol sobre a Alemanha Ocidental. **Final da Copa do Mundo de 1966, Inglaterra 4 × 2 Alemanha Ocidental, Londres.**

CAMPEÃO

Inglaterra
4 × 2 Alemanha Ocidental
(final, prorrogação)

Inglaterra
0 × 0 Uruguai
2 × 0 México
2 × 0 França
1 × 0 Argentina
2 × 1 Portugal

Em 9 de maio de 1951, a Inglaterra havia estreado sua camisa vermelha reserva. Não foi em um amistoso qualquer, pois naquela tarde venceu a Argentina por 2 × 1, em Wembley. A camisa tinha sido usada somente uma vez em mundiais, no anódino empate sem gols contra a Bulgária, na Copa do Mundo do Chile de 1962. Em sua própria Copa, jogou as cinco primeiras de branco, de modo que a camisa vermelha ficou reservada para o compromisso final. Em 2019, este modelo da Umbro foi eleito numa votação inglesa como a melhor camisa de todos os tempos.

AS COPAS DO MUNDO | **Inglaterra** 1966

Alemanha Ocidental
5 × 0 Suíça
2 × 4 Inglaterra
(final, prorrogação)

Alemanha Ocidental
0 × 0 Argentina
2 × 1 Espanha
4 × 0 Uruguai
2 × 1 URSS

Portugal
3 × 1 Hungria
3 × 0 Bulgária
3 × 1 Brasil
5 × 3 Coreia do Norte
1 × 2 Inglaterra

Portugal
2 × 1 URSS (decisão do terceiro lugar)

União das Repúblicas Socialistas Soviéticas
3 × 0 Coreia do Norte

União das Repúblicas Socialistas Soviéticas
1 × 0 Itália
2 × 1 Chile
2 × 1 Hungria
1 × 2 Alemanha Ocidental
1 × 2 Portugal (decisão do terceiro lugar)

Argentina
2 × 1 Espanha
0 × 0 Alemanha Ocidental
2 × 0 Suíça
0 × 1 Inglaterra

Hungria
1 × 3 Portugal

Hungria
3 × 1 Brasil
3 × 1 Bulgária
1 × 2 URSS

Uruguai
0 × 0 Inglaterra
2 × 1 França
0 × 0 México
0 × 4 Alemanha Ocidental

Coreia do Norte
0 × 3 URSS
1 × 0 Itália

Coreia do Norte
1 × 1 Chile
3 × 5 Portugal

Itália
2 × 0 Chile
0 × 1 URSS
0 × 1 Coreia do Norte

Espanha
1 × 2 Argentina
2 × 1 Suíça
1 × 2 Alemanha Ocidental

Brasil
2 × 0 Bulgária
1 × 3 Hungria
1 × 3 Portugal

México
1 × 1 França
0 × 2 Inglaterra

México
0 × 0 Uruguai

França
1 × 1 México
0 × 2 Inglaterra

França
1 × 2 Uruguai

Uma das seleções estreantes na Copa do Mundo da Inglaterra foi a Coreia do Norte. O seu escudo, que é o mesmo da bandeira, não poderia ser mais diferente em relação à Coreia do Sul: longe do yin, do yang e dos trigramas, os do Norte carregam uma estrela que os une ao campo socialista. As duas bandeiras não podem conviver sequer no futebol: em 2008, por exemplo, uma partida de eliminatórias que seria disputada na capital do Norte, Pyongyang, teve de ser remarcada para a China porque a República Popular Democrática da Coreia negou-se a tocar o hino da Coreia do Sul ou a içar a bandeira da nação do Sul em seu território.

AS COPAS DO MUNDO | **Inglaterra** 1966

Chile
0 × 2 Itália
1 × 1 Coreia do Norte

Chile
1 × 2 URSS

Bulgária
0 × 2 Brasil
0 × 3 Portugal
1 × 3 Hungria

Suíça
0 × 5 Alemanha Ocidental

Suíça
1 × 2 Espanha

Suíça
0 × 2 Argentina

Portugal, de grande campanha e sob a liderança técnica de Eusébio (*a pantera de Moçambique*), foi outro país estreante. Iniciou seu caminho em Copas com uma camisa que leva as cores da bandeira e o escudo nacional sobre o peito: essa cruz azul tem origem no brasão de armas de Afonso I, primeiro rei de Portugal; as cinco *quinas* representam os 5 reis mouros derrotados na batalha de Ourique (1139), e os 5 pontos brancos dentro de cada uma delas, as 5 chagas de Cristo. Forma parte da religião.

9ª COPA DO MUNDO DE FUTEBOL

México
1970

Quarenta anos depois da sua primeira participação, quando vestiu uma camisa totalmente branca, a seleção do Peru voltou à Copa do Mundo. Para a estreia contra a Bulgária, usou uma inteiramente vermelha e com uma faixa de luto na manga esquerda: dois dias antes, 75 mil compatriotas tinham morrido no terremoto de Ancash. Depois, diante do Marrocos, luziu pela primeira vez em Mundiais a lendária faixa vermelha em diagonal. O jogo das ironias quis que, em certo momento, o Peru eliminasse a Argentina com essa camisa, em pleno estádio do Boca Juniors. Para além dessa lembrança maliciosa, nunca foi possível estabelecer uma correlação histórica séria entre os modelos do Peru e do River Plate, apesar da evidente semelhança.

Como se duas camisas fossem pouco, a Inglaterra levou três possibilidades ao torneio: com uma inteiramente celeste enfrentou a Tchecoslováquia. Mas a novidade inglesa se encontrava mesmo nos tecidos. Em épocas de puro algodão, a empresa Umbro preparou um tecido especial, em estrutura de grade, que melhorava a evaporação do suor dos jogadores. Foi chamado de Aertex; a pré-história do Dri-Fit estava em marcha. Os alemães também exibiram uniformes especiais, pensados para as temperaturas de junho no México.

Dois representantes do leste europeu acrescentaram singularidades às camisas daquela Copa: a Bulgária, com uma gola exageradamente aberta, e a Romênia, que buscou tons pastéis em vez das tradicionais três cores. Os romenos usaram um amarelo apagado e nada *futeboleiro* para jogar contra Inglaterra e Tchecoslováquia e recorreram a um azul-celeste pálido para se despedir diante do Brasil.

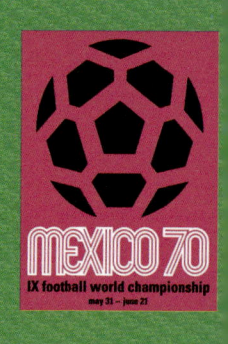

Participantes:	Partidas:	Gols:	Média de gols por partida:	Artilheiro: Gerd Müller (Alemanha Ocidental), 10 gols	Destaque: Pelé (Brasil)
16	32	95	2,97		

AS COPAS DO MUNDO | **México** 1970

Tostão ultrapassa a marcação do zagueiro italiano Roberto Rosato. **Final da Copa do Mundo de 1970, Brasil 4 × 1 Itália, Cidade do México.**

CAMPEÃO

Brasil
4 × 1 Tchecoslováquia
1 × 0 Inglaterra
3 × 2 Romênia
4 × 2 Peru
3 × 1 Uruguai
4 × 1 Itália (final)

O Brasil vestiu duas marcas: Umbro e Athleta. A principal diferença entre os modelos estava nos números. O da Umbro carregava algarismos arredondados, o da Athleta, retos. Baldocchi, zagueiro que fez parte daquele plantel, não hesita em dizer que essa camisa entrou para a história das Copas associada ao *jogo bonito* da seleção brasileira e porque permitiu que o país ficasse em definitivo com o troféu Jules Rimet. "Os torcedores se identificavam com aquele time, tínhamos saído do futebol local e jogamos por muito tempo no país", afirma o número 14 daquela seleção.

AS COPAS DO MUNDO | **México** 1970

Itália
1 × 0 Suécia
0 × 0 Uruguai
4 × 1 México
4 × 3 Alemanha Ocidental
        (prorrogação)
1 × 4 Brasil (final)

Itália
0 × 0 Israel

Alemanha Ocidental
2 × 1 Marrocos
5 × 2 Bulgária
3 × 2 Inglaterra (prorrogação)
3 × 4 Itália (prorrogação)
1 × 0 Uruguai (decisão do
        terceiro lugar)

Alemanha Ocidental
3 × 1 Peru

Uruguai
2 × 0 Israel
0 × 1 Suécia
1 × 0 URSS (prorrogação)
1 × 3 Brasil
0 × 1 Alemanha Ocidental
(decisão do terceiro lugar)

Uruguai
0 × 0 Itália

**União das Repúblicas
Socialistas Soviéticas**
0 × 0 México
4 × 1 Bélgica
2 × 0 El Salvador
0 × 1 Uruguai (prorrogação)

México
0 × 0 URSS
4 × 0 El Salvador

México
1 × 0 Bélgica
1 × 4 Itália

Peru
3 × 2 Bulgária

Peru
3 × 0 Marrocos
1 × 3 Alemanha Ocidental
2 × 4 Brasil

Inglaterra
1 × 0 Romênia
0 × 1 Brasil

Inglaterra
1 × 0 Tchecoslováquia

Inglaterra
2 × 3 Alemanha Ocidental
(prorrogação)

Suécia
0 × 1 Itália
1 × 1 Israel
1 × 0 Uruguai

Bélgica
3 × 0 El Salvador

Bélgica
1 × 4 URSS
0 × 1 México

Romênia
0 × 1 Inglaterra
2 × 1 Tchecoslováquia

Romênia
2 × 3 Brasil

Há outra curiosidade sobre a camisa do Peru e essa Copa do Mundo: nos amistosos preparatórios para o torneio, a seleção vestiu uniformes do Universitario, do Alianza Lima e do Sporting Cristal, os principais clubes do país. Por quê? Acontece que dois dos seus principais jogadores, Ramón Mifflin e Nicolás Fuentes, tinham sido suspensos por seis meses pela FIFA por incidentes na partida das eliminatórias contra a Bolívia. Se os dois não vestissem a camisa da seleção, entretanto, poderiam seguir a preparação para a Copa. O técnico era o brasileiro Didi, que, como se dizia, fumava até debaixo d'água.

AS COPAS DO MUNDO | México 1970

Israel
0 × 2 Uruguai

Israel
1 × 1 Suécia
0 × 0 Itália

Bulgária
2 × 3 Peru
1 × 1 Marrocos

Bulgária
2 × 5 Alemanha Ocidental

Marrocos
1 × 2 Alemanha Ocidental
0 × 3 Peru
1 × 1 Bulgária

Tchecoslováquia
1 × 4 Brasil
1 × 2 Romênia
0 × 1 Inglaterra

El Salvador
0 × 3 Bélgica
0 × 4 México
0 × 2 URSS

A Copa do Mundo de 1970 foi a única que contou com a participação de Israel, que havia garantido vaga ao disputar, pela última vez, as eliminatórias asiáticas. Depois, com o acirramento do conflito no Oriente Médio, a seleção seria inscrita nas classificatórias da Oceania e da Europa. A camisa, com as cores da bandeira, levava o escudo da Associação de Futebol de Israel (IFA), que se distingue por juntar a bola de futebol à menorá, candelabro de sete braços que Moisés teria desenhado no Monte Sinai segundo as ordens diretas do Criador: com a mão de Deus.

10ª COPA DO MUNDO DE FUTEBOL

Alemanha Ocidental 1974

A República Democrática Alemã (RDA), a Alemanha Oriental, jogou em 1974 a sua única Copa do Mundo, possibilitando a histórica partida entre as duas Alemanhas. Os do leste ganhariam por 1 × 0 com gol de Jürgen Sparwasser, volante do Magdeburgo e engenheiro mecânico. Sparwasser tornou-se herói do esporte socialista por um dia; em 1988, aproveitaria um duelo de veteranos na Alemanha Ocidental para desertar para o outro lado. Faltavam poucos meses para a derrubada do Muro. Sparwasser foi mais oportunista na grande área do que na vida.

A camisa da RDA carregava o escudo nacional, com o martelo, o compasso e as espigas que celebravam a aliança entre camponeses, intelectuais e operários. Essa camisa, com o tempo, seja na versão azul ou na branca, tornou-se uma das peças mais valorizadas entre os colecionadores.

A Argentina despediu-se da Copa com um empate em 1 × 1 justamente contra a Alemanha Oriental, na jornada em que levava um bracelete de luto pela morte do presidente Juan Domingo Perón. Vestia uma camisa alternativa azul, com uma curiosidade: o atacante René Houseman usou um modelo distinto do que levavam os seus companheiros; gestos típicos do *Loco*.

Aquela foi também a única Copa do Mundo do Haiti até o momento. O país mostrou uma camisa vermelha com detalhes em preto; eram as cores da bandeira durante a ditadura dos Duvalier. Antes e depois, o preto daria lugar ao azul-escuro.

A Austrália foi a primeira seleção da Oceania a participar de um Mundial. Vestiu-se de amarelo-ouro e verde; são as cores da planta nacional do país, o espinheiro dourado. Há, no entanto, uma razão muito mais forte para a escolha dessas cores: não são as mesmas da bandeira britânica.

Mas a maior novidade cromática seria o vermelho do cartão mostrado a Carlos Caszely, o primeiro jogador expulso na história das Copas desde que foram implementados os cartões. Ele jogava pela seleção chilena, *La Roja*.

Participantes:	Partidas:	Gols:	Média de gols por partida:	Artilheiro:	Destaque:
16	38	97	2,55	Grzegorz Lato (Polônia), 7 gols	Johan Cruyff (Holanda)

AS COPAS DO MUNDO | **Alemanha Ocidental** 1974

O capitão holandês Johan Cruyff tenta ultrapassar Franz Beckenbauer. **Final da Copa do Mundo de 1974, Alemanha Ocidental 2 × 1 Holanda, Munique.**

CAMPEÃO

WM 74

Alemanha Ocidental
1 × 0 Chile
0 × 1 Alemanha Oriental
1 × 0 Polônia
2 × 1 Holanda (final)

Alemanha Ocidental
3 × 0 Austrália
4 × 2 Suécia

Alemanha Ocidental
2 × 0 Iugoslávia

Para erguer sua segunda taça, a Alemanha Ocidental vestiu o uniforme tradicional: a camisa branca titular e a verde alternativa, as duas com a gola arredondada. Apenas contra a Iugoslávia voltou a gola preta em formato V. Usou, também, os modernos e imediatamente clássicos números tridimensionais. Franz Beckenbauer foi o primeiro capitão a levantar o atual troféu em disputa. A taça, desenhada pelo escultor italiano Silvio Gazzaniga, representa duas figuras humanas que seguram o planeta. Pesa 6,142 quilos, mas foram poucos os que a puderam sentir com as próprias mãos.

AS COPAS DO MUNDO | Alemanha Ocidental 1974

Holanda
2 × 0 Uruguai
0 × 0 Suécia
4 × 1 Bulgária
4 × 0 Argentina
2 × 0 Alemanha Oriental
1 × 2 Alemanha Ocidental (final)

Holanda
2 × 0 Brasil

Polônia
3 × 2 Argentina
7 × 0 Haiti
2 × 1 Itália
2 × 1 Iugoslávia

Polônia
1 × 0 Suécia
0 × 1 Alemanha Ocidental
1 × 0 Brasil (decisão do terceiro lugar)

Brasil
0 × 0 Iugoslávia
0 × 0 Escócia
3 × 0 Zaire
1 × 0 Alemanha Oriental
0 × 1 Polônia (decisão do terceiro lugar)

Brasil
2 × 1 Argentina
0 × 2 Holanda

Suécia
0 × 0 Bulgária
3 × 0 Uruguai
0 × 1 Polônia
2 × 4 Alemanha Ocidental
2 × 1 Iugoslávia

Suécia
0 × 0 Holanda

Alemanha Oriental
2 × 0 Austrália
1 × 1 Chile
0 × 2 Holanda
1 × 1 Argentina

Alemanha Oriental
1 × 0 Alemanha Ocidental
0 × 1 Brasil

Iugoslávia
0 × 0 Brasil
1 × 1 Escócia
0 × 2 Alemanha Ocidental
1 × 2 Polônia
1 × 2 Suécia

Iugoslávia
9 × 0 Zaire

Argentina
2 × 3 Polônia
1 × 1 Itália
4 × 1 Haiti
0 × 4 Holanda
1 × 2 Brasil

Argentina
1 × 1 Alemanha Oriental

Argentina
1 × 1 Alemanha Oriental
Camisa utilizada apenas pelo jogador René Houseman, com mais detalhes brancos

Escócia
2 × 0 Zaire
0 × 0 Brasil

Escócia
1 × 1 Iugoslávia

Itália
3 × 1 Haiti

Itália
1 × 1 Argentina
1 × 2 Polônia

Chile
0 × 1 Alemanha Ocidental
1 × 1 Alemanha Oriental
0 × 0 Austrália

Bulgária
0 × 0 Suécia
1 × 4 Holanda

Bulgária
1 × 1 Uruguai

Uruguai
0 × 2 Holanda
1 × 1 Bulgária
0 × 3 Suécia

AS COPAS DO MUNDO | Alemanha Ocidental 1974

Austrália
0 × 2 Alemanha Oriental
0 × 3 Alemanha Ocidental
0 × 0 Chile

Haiti
1 × 3 Itália
0 × 7 Polônia

Haiti
1 × 4 Argentina

Zaire
0 × 2 Escócia

Zaire
0 × 9 Iugoslávia

Zaire
0 × 3 Brasil
Camisa fornecida pela Adidas

Foi na Copa de 1974 que apareceram as marcas das camisas: Umbro nos uniformes de Escócia e Austrália, Adidas nos de Argentina, Uruguai, Polônia e Zaire (no último caso, usado apenas na partida contra o Brasil).

A Holanda também vestia Adidas, sem o logotipo na camisa, mas com as três listras: menos nas camisas de Johan Cruyff, que se negou a usá-las por manter um contrato pessoal com a marca Puma. A camisa do melhor jogador holandês mostrava apenas duas listras nas mangas.

O Brasil tampouco ostentava a marca, mas incorporou às camisas um detalhe da maior importância: as três estrelas do tricampeonato obtido no México, em 1970.

11ª COPA DO MUNDO DE FUTEBOL

Argentina
1978

A Copa do Mundo enfim chegava à Argentina. Com o país sob uma feroz ditadura cívico-militar e seus estádios situados nas proximidades de centros clandestinos de prisão e tortura, a FIFA se manteve em silêncio. Começava a era de João Havelange, da Televisa, do grande negócio da televisão. Não havia tempo para questionar um regime tão ilegítimo como complacente.

Johan Cruyff já não atuava na seleção holandesa. No entanto, a Holanda ainda tinha jogadores que usavam camisas com as três listras da Adidas e outros que só mostravam duas, porque não haviam entrado em acordo com a marca. Muito menos banal foi o detalhe na camisa da seleção da Polônia: a manga esquerda mostrava a logomarca do Centrum Zdrowia Dziecka, um hospital pediátrico de referência para todo o leste europeu, inaugurado em outubro de 1977.

A maior estranheza do torneio aconteceu com a França. Os comandados por Michel Hidalgo deveriam enfrentar a Hungria em Mar del Plata. Por engano, viajaram com apenas um jogo de camisas brancas: a mesma cor com que se apresentaram os húngaros. O detalhe só foi percebido quando, depois dos hinos, os jogadores dos dois países tiraram os abrigos para o começo do jogo. Tudo foi pressa e confusão. Tal como aconteceu com a Argentina na Copa do Mundo da Suécia, a ajuda de um clube da cidade solucionou o caos: o Kimberley ofereceu a camisa verde e branca das suas categorias de base. A improvisação foi enorme, com números das camisas que não batiam com o dos calções azuis, esses mantidos os originais. Naquele 10 de junho de 1978, Michel Platini, um dos melhores jogadores da história, desfilou sua magia com a camisa do Kimberley – para os torcedores do maior campeão da cidade de Mar del Plata, foi uma tarde inesquecível.

Participantes:	Partidas:	Gols:	Média de gols por partida:	Artilheiro:	Destaque:
16	38	102	2,68	Mario Alberto Kempes (Argentina), 6 gols	Mario Alberto Kempes (Argentina)

AS COPAS DO MUNDO | **Argentina** 1978

Mario Alberto Kempes festeja o seu segundo gol na partida. **Final da Copa do Mundo de 1978, Argentina 3 × 1 Holanda, Buenos Aires.**

CAMPEÃO

Argentina 78

Argentina
2 × 1 Hungria
2 × 1 França
0 × 1 Itália
2 × 0 Polônia
0 × 0 Brasil
6 × 0 Peru
3 × 1 Holanda
(final, prorrogação)

A novidade na camisa dos mandantes foi o escudo da AFA na altura do coração. Depois vieram os louros e, em 2004, as estrelas pelos títulos de 1978 e 1986. O volante Omar Larrosa recorda a moda da época: "usávamos a camisa apertada e os calções bem curtos. Vínhamos de usar um modelo polo, essas eram de acetato. Vestíamos qualquer uma, só queríamos jogar e ganhar".

Uma curiosidade: o desenho dos números mudou durante o campeonato. Até a derrota contra a Itália, eram feitos de três tiras. A partir do jogo com a Polônia, foram números lisos, em preto. Superstição? Não se sabe – mas funcionou.

AS COPAS DO MUNDO | Argentina 1978

Holanda
3 × 0 Irã
0 × 0 Peru
5 × 1 Áustria
2 × 2 Alemanha Ocidental
1 × 3 Argentina
(final, prorrogação)

Holanda
2 × 3 Escócia
2 × 1 Itália

Brasil
1 × 1 Suécia
0 × 0 Espanha
1 × 0 Áustria
3 × 0 Peru
0 × 0 Argentina
2 × 1 Itália (decisão do terceiro lugar)

Brasil
3 × 1 Polônia

Itália
2 × 1 França
3 × 1 Hungria
1 × 0 Argentina
0 × 0 Alemanha Ocidental
1 × 0 Áustria
1 × 2 Holanda
1 × 2 Brasil (decisão do terceiro lugar)

Polônia
0 × 0 Alemanha Ocidental
1 × 0 Tunísia
0 × 2 Argentina
1 × 0 Peru

Polônia
3 × 1 México
1 × 3 Brasil

Alemanha Ocidental
0 × 0 Polônia
6 × 0 México
0 × 0 Tunísia
0 × 0 Itália
2 × 2 Holanda
2 × 3 Áustria

Áustria
2 × 1 Espanha
1 × 0 Suécia
0 × 1 Brasil
1 × 5 Holanda
0 × 1 Itália

Áustria
3 × 2 Alemanha Ocidental

Peru
3 × 1 Escócia
0 × 0 Holanda
4 × 1 Irã
0 × 3 Brasil
0 × 1 Polônia

Peru
0 × 6 Argentina

Argentina 78

Tunísia
3 × 1 México
0 × 0 Alemanha Ocidental

Tunísia
0 × 1 Polônia

Espanha
1 × 2 Áustria
0 × 0 Brasil
1 × 0 Suécia

Escócia
1 × 3 Peru
1 × 1 Irã
3 × 2 Holanda

França
1 × 2 Itália

França
1 × 2 Argentina

França
3 × 1 Hungria
Camisa emprestada pelo clube Kimberley, de Mar del Plata

Suécia
1 × 1 Brasil

Suécia
0 × 1 Áustria
0 × 1 Espanha

Irã
0 × 3 Holanda
1 × 1 Escócia

Irã
1 × 4 Peru

AS COPAS DO MUNDO | Argentina 1978

Hungria
1 × 2 Argentina

Hungria
1 × 3 Itália
1 × 3 França

México
1 × 3 Tunísia

México
0 × 6 Alemanha Ocidental
1 × 3 Polônia

O México vestiu duas camisas na Copa do Mundo, ambas com a logomarca da Levi's bordada na frente. Diante da inesperada presença de uma marca de jeans, imaginou-se que se tratava de publicidade disfarçada, não de uma fornecedora de material esportivo. Leonardo Cuéllar, atacante daquela seleção mexicana e dono de uma inesquecível e marcante cabeleira que lhe valeu o apelido de *El León de la Metro*, esclarece o enredo.

Em 1977, a marca estadunidense lançou uma pesquisa no México em que buscava entender "a imagem da liberdade". Os publicitários esperavam que tudo ficasse ao redor de cavalos selvagens, das habilidades de rodeio... mas não: as pessoas votavam em Cuéllar. "Eu fui eleito pelo meu cabelo, pela minha forma de me vestir e de ser. Vimos que, para os torcedores, isso inspirava liberdade", conta, 45 anos depois. Cuéllar prossegue: "de propaganda em propaganda, houve um contato da Levi's com a Federação Mexicana para ser a fornecedora do material para a Copa do Mundo da Argentina. Ainda tenho essas camisas em algum lugar, em uma mala. Às vezes me pedem para exposições. Hoje são consideradas joias. Algumas foram vendidas nas lojas da Levi's, umas poucas. Ainda não era a época do marketing esportivo. Quem comprou tem um objeto de coleção".

12ª COPA DO MUNDO DE FUTEBOL

Espanha
1982

A Copa do Mundo da Espanha foi a primeira a incluir países dos 5 continentes e das 6 confederações. Foi quando muitas marcas fornecedoras de material esportivo perceberam que a visibilidade de um Mundial era o melhor marketing possível.

A Adidas predominou no certame e vestiu 13 seleções, incluindo os cinco países socialistas: URSS, Iugoslávia, Tchecoslováquia, Hungria e Polônia. Brilhavam, em seus novos desenhos, as finas linhas verticais que aparecem em várias das suas camisas.

A empresa inglesa Admiral pôs sua marca na camisa do seu país e na da Bélgica. Havia sido a primeira marca a firmar convênio com uma seleção, justamente a Inglaterra, no começo de 1974. Também tinha sido pioneira na venda de *replica kits*: agora os torcedores podiam comprar camisas iguais às que usavam os jogadores.

A Puma esteve presente nas camisas da Áustria e do Kuwait, com a curiosidade de que a logomarca do felino saltava no sentido contrário.

A marca brasileira Penalty vestiu a seleção peruana. A britânica Umbro, a Escócia. A francesa Soitex apareceu no uniforme da Argélia. E outra marca francesa, a Le Coq Sportif, produziu as da Argentina e da estreante Camarões.

Apenas duas seleções não ostentaram nenhuma logomarca: a da Itália, também feita pela Le Coq Sportif, e a do Brasil, da empresa local Topper. Aquele tão famoso time, dirigido por Telê Santana, converteu-se no primeiro a inserir propaganda numa camisa mundialista.

A CBF, separada há pouco tempo da CBD, encontrou uma maneira de arrecadar cerca de três milhões de dólares: obteve o patrocínio do Instituto Brasileiro do Café (IBC), empresa estatal. Conscientes de que a FIFA não permitiria a presença de publicidade visível na camisa, a CBF pediu à Topper a preparação de um novo escudo: ali aparece a taça Jules Rimet, dissimulando o raminho de café do IBC. Aquela lendária equipe de Falcão, Sócrates e Zico ficou sem a Copa e teve de se contentar com um caneco cheio de dólares.

Participantes:	Partidas:	Gols:	Média de gols por partida:	Artilheiro:	Destaque:
24	52	146	2,81	Paolo Rossi (Itália), 6 gols	Paolo Rossi (Itália)

AS COPAS DO MUNDO | **Espanha** 1982

Éder bate a falta por cima da barreira italiana.
**Segunda fase da Copa do Mundo da Espanha, 1982.
Itália 3 × 2 Brasil, Barcelona.**

CAMPEÃO

ESPAÑA 82

Itália
0 × 0 Polônia
1 × 1 Peru
2 × 1 Argentina
3 × 2 Brasil
2 × 0 Polônia
3 × 1 Alemanha Ocidental
(final)

Itália
1 × 1 Camarões

A Itália vestiu um modelo clássico para festejar o título pela terceira vez. "As camisas daquela época eram diferentes das atuais, menos elásticas, mais pesadas", conta Fulvio Collovati, que atuou nas sete partidas da Copa do Mundo. Ele não hesita ao afirmar que aquele modelo respeitava a tradição de beleza do traje italiano, tornando-o, com o seu característico azul-elétrico, um dos mais belos no universo das seleções. A camisa havia incorporado golas elegantes e detalhes nas mangas, ambos com as cores da bandeira. A camisa reserva era idêntica à original, trocando o azul pelo branco.

AS COPAS DO MUNDO | **Espanha** 1982

Alemanha Ocidental
1 × 2 Argélia
4 × 1 Chile
1 × 0 Áustria
0 × 0 Inglaterra
2 × 1 Espanha
3 × 3 França
(5 × 4 nos pênaltis)
1 × 3 Itália (final)

Polônia
0 × 0 Itália
0 × 0 Camarões
3 × 0 Bélgica

Polônia
5 × 1 Peru
0 × 0 URSS

Polônia
0 × 2 Itália
3 × 2 França (decisão do terceiro lugar)

França
1 × 3 Inglaterra
4 × 1 Kuwait

França
1 × 1 Tchecoslováquia
1 × 0 Áustria
4 × 1 Irlanda do Norte
3 × 3 Alemanha Ocidental
(4 × 5 nos pênaltis)
2 × 3 Polônia (decisão do terceiro lugar)

Brasil
2 × 1 URSS
4 × 1 Escócia
4 × 0 Nova Zelândia
3 × 1 Argentina
2 × 3 Itália

Inglaterra
3 × 1 França

Inglaterra
2 × 0 Tchecoslováquia
1 × 0 Kuwait
0 × 0 Espanha

Inglaterra
0 × 0 Alemanha Ocidental

União das Repúblicas Socialistas Soviéticas
1 × 2 Brasil
3 × 0 Nova Zelândia

União das Repúblicas Socialistas Soviéticas
2 × 2 Escócia
1 × 0 Bélgica
0 × 0 Polônia

ESPAÑA 82

Áustria
1 × 0 Chile
0 × 1 França
2 × 2 Irlanda do Norte

Áustria
2 × 0 Argélia
0 × 1 Alemanha Ocidental

Irlanda do Norte
0 × 0 Iugoslávia
1 × 0 Espanha
1 × 4 França

Irlanda do Norte
1 × 1 Honduras
2 × 2 Áustria

Bélgica
1 × 0 Argentina
1 × 0 El Salvador
1 × 1 Hungria
0 × 3 Polônia
0 × 1 URSS

Argentina
0 × 1 Bélgica
4 × 1 Hungria
2 × 0 El Salvador
1 × 2 Itália
1 × 3 Brasil

Espanha
1 × 1 Honduras
2 × 1 Iugoslávia
0 × 1 Irlanda do Norte
1 × 2 Alemanha Ocidental
0 × 0 Inglaterra

Argélia
2 × 1 Alemanha Ocidental

Argélia
0 × 2 Áustria

Argélia
3 × 2 Chile

Hungria
10 × 1 El Salvador
1 × 4 Argentina

AS COPAS DO MUNDO | Espanha 1982

Hungria
1 × 1 Bélgica

Escócia
5 × 2 Nova Zelândia
1 × 4 Brasil
2 × 2 URSS

Iugoslávia
0 × 0 Irlanda do Norte
1 × 0 Honduras

Iugoslávia
1 × 2 Espanha

Camarões
0 × 0 Peru
0 × 0 Polônia
1 × 1 Itália

Honduras
1 × 1 Espanha
1 × 1 Irlanda do Norte

Honduras
0 × 1 Iugoslávia

Tchecoslováquia
1 × 1 Kuwait
1 × 1 França

Tchecoslováquia
0 × 2 Inglaterra

Peru
0 × 0 Camarões
1 × 1 Itália
1 × 5 Polônia

Kuwait
1 × 1 Tchecoslováquia

Kuwait
1 × 4 França
0 × 1 Inglaterra

Chile
0 × 1 Áustria
1 × 4 Alemanha Ocidental
2 × 3 Argélia

Nova Zelândia
2 × 5 Escócia

Nova Zelândia
0 × 3 URSS
0 × 4 Brasil

El Salvador
1 × 1 0 Hungria
0 × 1 Bélgica
0 × 2 Argentina

Quatro seleções modificaram as suas camisas durante a Copa. Em sua estreia em Mundiais, a Argélia venceu a Alemanha Ocidental com uma camisa verde, para depois jogar de branco, mas com modelos que mostravam uma ligeira diferença: contra a Áustria, usou uma com golas verdes e, diante do Chile, outra com esses detalhes em branco. Polônia e Nova Zelândia também introduziram mudanças: passaram de camisas brancas, lisas, para novas, que possuíam aquelas listras fininhas, as chamadas *pinstripes*. Durante os anos 1980, essas estreitas linhas se multiplicariam em uniformes de todo o planeta.

Por fim, a Inglaterra alterou o desenho dos ombros da sua camisa para a segunda fase do torneio, quando uma das curvas brancas do modelo foi dispensada.

Isso é o que foi possível saber. Mas várias camisas alternativas não chegaram a ver a luz do dia por questões de coincidências cromáticas. O critério era definido pela televisão: se os uniformes em campo se distinguiam, não se alterava a indumentária. Hoje, as marcas impõem que ao menos em um jogo as seleções mostrem os designs *away*, como chamam o modelo reserva ou visitante. Quando usados em uma Copa do Mundo, as vendas crescem.

Naquele verão espanhol, várias camisas não saíram dos vestiários. A Adidas verde da Alemanha Ocidental e um trio de camisas azuis que teria entrado em alta cotação: a Topper do Brasil, a Le Coq Sportif da Argentina e a Adidas espanhola. Além delas, a Bélgica não pôde mostrar a sua branca da Admiral, o Peru, uma vermelha da Penalty, Honduras, uma listrada em azul e branco da Adidas, a Escócia, a vermelha da Umbro e o Chile, o modelo branco da Adidas. Foram utilizadas em amistosos, mas não é a mesma coisa: nada se iguala a uma Copa do Mundo.

El Salvador estava desde 1979 imerso em uma sangrenta guerra civil que deixaria cem mil mortos. Mas o futebol instalava um parêntese em meio ao horror. Nas eliminatórias, o estádio Cuscatlán ficava lotado a cada rodada e, durante noventa minutos, as explosões e os tiroteios cessavam em verdadeiras e espontâneas tréguas entre os dois lados. Foi assim que a seleção do *Mágico* González, de *Chelona* Rodríguez e companhia chegou à sua segunda Copa do Mundo, classificando-se depois de Honduras e eliminando ninguém menos que o México. Nesse caminho classificatório, vestiram camisas da marca estadunidense Pony, mas levaram adiante a aventura espanhola sem o apoio dos dirigentes. Não houve alojamento digno, material para treinar, chuteiras ou camisas. A Adidas entregou um jogo de camisas brancas, mas a titular deveria ser azul. Estavam tão à deriva os salvadorenhos que não levavam sequer as flâmulas para trocar com os seus adversários.

A estreia não poderia ter sido mais dura: em 15 de junho, em Elche, sofreram a maior goleada da história das Copas: 10 × 1 para a Hungria. Ainda assim, quando perdiam por 5 × 0, Luis Ramírez Zapata marcou o gol de desconto e festejou com um entusiasmo lembrado até hoje. Fica fácil de entender quando se olha a tabela histórica dos Mundiais: El Salvador ocupa a última posição, com seis partidas, seis derrotas e apenas um gol anotado, justamente esse de *Pelé* Zapata.

O Kuwait não venceu na sua única participação mundialista, mas ao menos arrancou um ponto da Tchecoslováquia na primeira partida: Faisal Al-Dakheel marcou o 1 × 1 definitivo. O campeão asiático parecia despontar como uma ficha surpresa. Até seria, mas não pelo potencial futebolístico. Em Valladolid, trocou sua tradicional camisa azul por uma vermelha para enfrentar a França. Com um nível muito superior, os franceses iam ganhando por 3 × 1 quando Alain Giresse anotou o quarto gol, depois de a defesa do Kuwait ter ficado inexplicavelmente parada. Haviam escutado um apito, quem sabe da arquibancada, e, ao pensar que a jogada não valia, não acompanharam o lance. Então, em seu camarote, o *sheik* Fahid Al-Ahmad Al-Sabah, que era também presidente da federação de futebol do país, fez gestos para que os jogadores abandonassem o campo de jogo. Mas como nem os atletas nem a comissão técnica entendiam os seus pedidos, decidiu descer ao gramado. Inexplicavelmente, ninguém o deteve. Encarou seus jogadores e o árbitro Miroslav Stupar. Depois, aplaudindo, voltou à sua poltrona: o juiz ucraniano tinha anulado o gol.

De todo modo, o francês Bossis marcaria o 4 × 1, resultado final, um minuto depois. O *sheik* foi multado em dez mil dólares e o juiz Stupar nunca voltou a apitar uma partida internacional. Oito anos depois, em plena Guerra do Golfo, Fahid Al-Ahmad Al-Sabah foi assassinado pelas tropas iraquianas que haviam ocupado o palácio de Dasman, residência do emir do Kuwait.

13ª COPA DO MUNDO DE FUTEBOL

México
1986

A Copa do Mundo do México foi o cenário do acirramento da guerra entre as empresas de material esportivo. A Adidas manteve o domínio, com a sua logo presente no peito de 13 seleções, incluindo a anfitriã, os países socialistas, potências como Alemanha e França e até mesmo o estreante Iraque. A inglesa Umbro ficou com a Escócia – foi a primeira seleção a colocar o escudo da federação também no calção – e acrescentou a própria Inglaterra. Le Coq Sportif seguiu com a Argentina e incorporou os uniformes de Uruguai e Espanha. A Topper esteve visível pela primeira vez na camisa brasileira. Houve marcas responsáveis por um só país: a francesa Soitex com a Argélia, a brasileira Rainha com o Paraguai e a Weekend, um dos braços da Samsung, com a Coreia do Sul. A Itália, fiel à tradição, manteve a única camisa sem logo, ainda que houvesse migrado há poucos meses para os serviços da Diadora.

Não foi uma Copa que se destacou por muitas mudanças de estilo, mas ali começou a se acelerar a corrida pela tecnologia dos tecidos. O calor do México e a infeliz ideia de jogar ao meio-dia para se adequar aos horários da televisão europeia impulsionaram medidas no meio têxtil. A Adidas, ainda sob o comando da família Dassler, deu seus primeiros passos com a tecnologia Climalite, a dos fios de microfibra que eliminavam o suor. Nas mangas esquerdas dos uniformes de Alemanha Ocidental, Polônia e União Soviética, lia-se a inscrição Climalite 2000, pois a evocação do ano 2000 era sinônimo de futuro.

A empresa aproveitou as possibilidades proporcionadas pelo material sintético (Tactel), que cada vez mais substituía o algodão, e tratou de desenhar "marcas d'água" e de experimentar modelos que ficariam famosos nos anos 1990, como o dos triângulos em degradê nas camisas alternativas de Bulgária, Iraque e Portugal.

Participantes:	Partidas:	Gols:	Média de gols por partida:	Artilheiro: Gary Lineker (Inglaterra), 6 gols	Destaque: Diego Armando Maradona (Argentina)
24	52	132	2,54		

AS COPAS DO MUNDO | **México** 1986

Diego Maradona dribla meia Inglaterra para anotar o gol mais bonito da história das Copas. **Quartas de final da Copa do Mundo de 1986, Argentina 2 × 1 Inglaterra, Cidade do México.**

CAMPEÃO

MEXICO 86

Argentina
3 × 1 Coreia do Sul
1 × 1 Itália
2 × 0 Bulgária
2 × 0 Bélgica
**3 × 2 Alemanha Ocidental
(final)**

Argentina
**3 × 2 Alemanha Ocidental
(final)**

A seleção argentina usou quatro camisas: duas em celeste e branco e duas azuis (uma fornecida pela marca e outra improvisada, contra a Inglaterra). O uniforme tradicional, diferentemente do que foi usado em outras Copas, tinha a listra central na cor branca. José Luis Brown, autor de um gol na final, imortalizou os dois modelos da celeste e branca. No primeiro, apenas ele vestiu uma versão com borda branca nas mangas. Na segunda etapa, vestiu a mesma que os seus companheiros, com mangas que terminavam em uma espécie de bainha, mas rasgada pelo doutor Madero, médico do plantel, a pedido de Brown: assim podia acomodar o braço deslocado. Um herói.

AS COPAS DO MUNDO | **México** 1986

Argentina
1 × 0 Uruguai

Argentina
2 × 1 Inglaterra
Comprada especialmente
para essa partida e
com números e escudo
bordados à mão

Alemanha Ocidental
1 × 1 Uruguai
2 × 3 Argentina (final)

Alemanha Ocidental
2 × 1 Escócia
0 × 2 Dinamarca
1 × 0 Marrocos
0 × 0 México (4 × 1 nos pênaltis)
2 × 0 França

França
1 × 0 Canadá
1 × 1 Brasil (4 × 3 nos pênaltis)
0 × 2 Alemanha Ocidental
4 × 2 Bélgica (decisão do terceiro lugar)

França
1 × 1 URSS
3 × 0 Hungria
2 × 0 Itália

Bélgica
1 × 2 México
2 × 2 Paraguai
1 × 1 Espanha (5 × 4 nos pênaltis)
2 × 4 França (decisão do terceiro lugar)

Bélgica
2 × 1 Iraque
4 × 3 URSS
0 × 2 Argentina

Brasil
1 × 0 Espanha
1 × 0 Argélia
3 × 0 Irlanda do Norte
4 × 0 Polônia
1 × 1 França (3 × 4 nos pênaltis)

México
2 × 1 Bélgica
1 × 0 Iraque
0 × 0 Alemanha Ocidental (1 × 4 nos pênaltis)

México
1 × 1 Paraguai
2 × 0 Bulgária

Espanha
0 × 1 Brasil
2 × 1 Irlanda do Norte
3 × 0 Argélia
5 × 1 Dinamarca
1 × 1 Bélgica (4 × 5 nos pênaltis)

Inglaterra
0 × 1 Portugal
0 × 0 Marrocos
3 × 0 Polônia
3 × 0 Paraguai
1 × 2 Argentina

Dinamarca
1 × 0 Escócia
1 × 5 Espanha

Dinamarca
6 × 1 Uruguai
2 × 0 Alemanha Ocidental

União das Repúblicas Socialistas Soviéticas
6 × 0 Hungria
2 × 0 Canadá
3 × 4 Bélgica

União das Repúblicas Socialistas Soviéticas
1 × 1 França

Marrocos
0 × 0 Polônia

Marrocos
0 × 0 Inglaterra
3 × 1 Portugal
0 × 1 Alemanha Ocidental

Itália
1 × 1 Bulgária
1 × 1 Argentina
0 × 2 França

Itália
3 × 2 Coreia do Sul

Paraguai
1 × 0 Iraque
1 × 1 México
2 × 2 Bélgica
0 × 3 Inglaterra

Polônia
0 × 0 Marrocos
1 × 0 Portugal

AS COPAS DO MUNDO | **México** 1986

Polônia
0 × 3 Inglaterra
0 × 4 Brasil

Bulgária
1 × 1 Itália
1 × 1 Coreia do Sul

Bulgária
0 × 2 Argentina
0 × 2 México

Uruguai
1 × 1 Alemanha Ocidental

Uruguai
1 × 6 Dinamarca
0 × 0 Escócia
0 × 1 Argentina

Portugal
1 × 0 Inglaterra
0 × 1 Polônia

Portugal
1 × 3 Marrocos

Hungria
0 × 6 URSS
0 × 3 França

Hungria
2 × 0 Canadá

Escócia
0 × 1 Dinamarca
1 × 2 Alemanha Ocidental
0 × 0 Uruguai

Coreia do Sul
1 × 3 Argentina
1 × 1 Bulgária
2 × 3 Itália

Irlanda do Norte
1 × 1 Argélia
1 × 2 Espanha

Irlanda do Norte
0 × 3 Brasil

Argélia
1 × 1 Irlanda do Norte

Argélia
0 × 1 Brasil
0 × 3 Espanha

Iraque
0 × 1 Paraguai

Iraque
1 × 2 Bélgica
0 × 1 México

Canadá
0 × 1 França

Canadá
0 × 2 Hungria
0 × 2 URSS

Cabe destaque para a Hummel, marca dinamarquesa que vestiu a seleção do seu país com duas camisas de desenhos inesquecíveis; quase tanto quanto a impressionante goleada sobre o Uruguai. Jesper Olsen, atacante dinamarquês, autor de três gols na Copa do México, recorda-a como "uma camisa muito confortável de se vestir". Além disso, se diz "muito orgulhoso de ter feito parte daquele time e que a equipe siga sendo lembrada. É surpreendente que ainda se fale de uma camisa Hummel da seleção da Dinamarca, e que ela continue tão popular. Entrou para a história do futebol".

AS COPAS DO MUNDO | México 1986

O México foi o primeiro país a organizar duas Copas; a segunda, após a desistência da Colômbia. A Cidade do México se tornou o lugar com mais partidas mundialistas: recebeu 9 jogos na Copa de 1970 e outros 14 em 1986, tendo o privilégio de acolher em seus gramados Pelé e Maradona no auge.

Nas oitavas de final, Uruguai e Paraguai ficaram pelo caminho, eliminados por Argentina e Inglaterra, respectivamente. Quando a FIFA determinou que os argentinos deveriam usar contra os ingleses a mesma camisa azul que haviam vestido contra os uruguaios, Carlos Bilardo enlouqueceu: eram roupas muito quentes e ficariam mais pesadas com a transpiração, tanto que os jogadores precisavam estirar as golas para deixá-las menos sufocantes. Para o técnico, isso era sinônimo de distração dentro de campo. A Le Coq Sportif havia preparado uniformes bem mais frescos, com tecido permeado por pequenos furos, mas apenas para o modelo celeste e branco. A AFA solicitou à empresa um novo jogo das azuis com essa característica, mas não a tinham e nem havia tempo para confeccioná-las (e sequer interesse em fazer). Bilardo ordenou a Rubén Moschella, funcionário da AFA, que desse um jeito de conseguir outras. Desesperado, Moschella recorreu as lojas da zona sul da Cidade do México em busca de camisas azuis, mais leves e, o mais complicado, com o emblema da Le Coq Sportif. Na pressa, encontrou dois modelos diferentes e os reservou, rogando ao empregado da loja que não as vendesse. Voltou à concentração argentina com ambas, para que Bilardo desse o veredito. O técnico rejeitou as duas. Providencialmente, Diego Maradona se aproximou da conversa: *"uy, que linda esta"*, sentenciou o número 10, apontando para a que mais brilhava. Foi a palavra santa. Moschella voltou à loja e comprou todo o jogo.

Na véspera da partida, tinham em mãos as camisas, mas lisas. As funcionárias do clube América costuraram os escudos da AFA, que, diferentemente do habitual, não carregavam os ramos de louros. Conseguiram números prateados usados por times de futebol americano e os colaram ali mesmo, com o calor das máquinas.

A história da partida é bem conhecida. Depois da vitória, no túnel do estádio Azteca, Maradona e Steve Hodge trocaram camisas. Ao entrar no vestiário, o inglês percebeu os olhares hostis dos companheiros. Humilhados, não entendiam aquela gentileza. "Trocamos palavras fortes. Estávamos irritados porque sentíamos que tinham nos enganado, que poderíamos ter passado à final e depois disputar o título", recordou o lateral Kenny Sansom ao jornal *The Sun*.

Durante os vinte e seis anos seguintes, a camisa de Diego repousou no sótão da casa de Hodge, em Nottingham. Em 2012, ele decidiu exibi-la no National Football Museum, de Manchester, e, em 2022, leiloá-la pela Sotheby's, arrecadando 7.142.500 libras esterlinas (aproximadamente US$ 9,2 milhões). A peça segue intacta e seu dono assegura que "essa camisa nunca foi lavada, ainda mantém o suor de Maradona". Um manto sagrado.

14ª COPA DO MUNDO DE FUTEBOL

Itália
1990

Os novos tecidos – que possibilitaram novas estampas – e o clima estético no planeta desencadearam uma verdadeira torrente de novos modelos para a Copa do Mundo da Itália em 1990. As camisas ganharam emaranhados mirabolantes, indecifráveis degradês caleidoscópicos e raios misteriosos.

A Puma apareceu nas camisas de Uruguai e Áustria e a marca italiana Lotto, nas camisas da estreante Costa Rica – com a particularidade de vestir por duas vezes um uniforme com faixas pretas e brancas. Era uma homenagem ao Club Sport La Libertad, pioneiro do futebol costarriquenho, mas não demorou para que alguns especulassem que se tratava de uma piscadela aos torcedores da Juventus, já que a Costa Rica jogaria a primeira rodada no estádio Delle Alpi. Se assim foi, não funcionou: foi derrotada pelo Brasil por 1 × 0. Depois, com as mesmas cores, bateram os suecos e se classificaram para as oitavas de final.

A URSS se apresentou pela primeira vez sem a sigla CCCP. Um presságio importante: seria a última Copa do Mundo antes da derrubada do chamado *socialismo real*.

A seleção argentina volta a vestir Adidas, fornecedora nas Copas de 1974 e 1978. Ainda assim, o contrato de dez anos balançou quando Bilardo mandou tapar as três listras no calção preto para jogar contra os soviéticos, depois de terem perdido para Camarões na estreia. E não foi a única superstição: a numeração dos jogadores foi distribuída em ordem alfabética, exceto para os que estiveram na Copa anterior. Caniggia conta que pediu a número 7, mas ninguém a tiraria de Burruchaga, autor do gol decisivo no estádio Azteca quatro anos antes. Cani teve de esperar o Mundial seguinte – e esse foi, talvez, o único sonho que se realizaria em 1994.

Participantes:	Partidas:	Gols:	Média de gols por partida:	Artilheiro:	Destaque:
24	52	115	2,21	**Salvatore Schillaci (Itália), 6 gols**	**Lothar Matthäus (Alemanha Ocidental)**

AS COPAS DO MUNDO | **Itália** 1990

Cerco dos argentinos a Rudi Völler. **Final da Copa do Mundo de 1990, Alemanha Ocidental 1 × 0 Argentina, Roma.**

CAMPEÃO

ITALIA '90

Alemanha Ocidental
4 × 1 Iugoslávia
5 × 1 Emirados Árabes Unidos
1 × 1 Colômbia
2 × 1 Holanda
1 × 0 Tchecoslováquia
1 × 0 Argentina (final)

Alemanha Ocidental
1 × 1 Inglaterra
(4 × 3 nos pênaltis)

A Alemanha vestiu um dos modelos mais icônicos da história. Andreas Brehme, autor do gol de pênalti que deu o campeonato à seleção, conta que, ainda hoje, chegam pedidos do mundo inteiro por essa peça de coleção. "É um desenho simplesmente lindo, e a forma com que os criadores integraram as cores alemãs é especial e única", define o carrasco da seleção de Bilardo e Maradona. O uniforme alternativo, verde, tampouco ficou atrás e carrega o mesmo *template* de outro clássico: o da camisa holandesa da Eurocopa de 1988.

AS COPAS DO MUNDO | **Itália** 1990

Argentina
0 × 1 Camarões
2 × 0 URSS
1 × 1 Romênia
1 × 0 Brasil
1 × 1 Itália (4 × 3 nos pênaltis)

Argentina
0 × 0 Iugoslávia
(3 × 2 nos pênaltis)
0 × 1 Alemanha Ocidental
(final)

Itália
1 × 0 Áustria
1 × 0 Estados Unidos
2 × 0 Tchecoslováquia
2 × 0 Uruguai
1 × 0 Irlanda
1 × 1 Argentina
(3 × 4 nos pênaltis)
2 × 1 Inglaterra (decisão do terceiro lugar)

Inglaterra
1 × 1 Irlanda
0 × 0 Holanda
1 × 0 Egito
1 × 0 Bélgica
(prorrogação)
3 × 2 Camarões
(prorrogação)
1 × 1 Alemanha Ocidental
(3 × 4 nos pênaltis)
1 × 2 Itália (decisão do terceiro lugar)

Iugoslávia
1 × 4 Alemanha Ocidental
4 × 1 Emirados Árabes Unidos

Iugoslávia
1 × 0 Colômbia
2 × 1 Espanha
(prorrogação)
0 × 0 Argentina
(2 × 3 nos pênaltis)

Tchecoslováquia
5 × 1 Estados Unidos
0 × 1 Áustria
0 × 1 Alemanha Ocidental

Tchecoslováquia
0 × 2 Itália
4 × 1 Costa Rica

Camarões
1 × 0 Argentina
2 × 1 Romênia
2 × 1 Colômbia
(prorrogação)
2 × 3 Inglaterra
(prorrogação)

Camarões
0 × 4 URSS

Irlanda
1 × 1 Inglaterra
0 × 0 Romênia (5 × 4 nos pênaltis)

Irlanda
0 × 0 Egito
1 × 1 Holanda
0 × 1 Itália

ITALIA '90

Brasil
2 × 1 Suécia
1 × 0 Costa Rica
1 × 0 Escócia
0 × 1 Argentina

Espanha
0 × 0 Uruguai
3 × 1 Coreia do Sul
2 × 1 Bélgica
1 × 2 Iugoslávia (prorrogação)

Bélgica
2 × 0 Coreia do Sul
1 × 2 Espanha

Bélgica
3 × 1 Uruguai
0 × 1 Inglaterra (prorrogação)

Romênia
2 × 0 URSS

Romênia
1 × 2 Camarões
1 × 1 Argentina
0 × 0 Irlanda (4 × 5 nos pênaltis)

Costa Rica
1 × 0 Escócia

Costa Rica
0 × 1 Brasil
2 × 1 Suécia

Costa Rica
1 × 4 Tchecoslováquia

Colômbia
2 × 0 Emirados Árabes Unidos
0 × 1 Iugoslávia
1 × 1 Alemanha Ocidental

Colômbia
1 × 2 Camarões (prorrogação)

AS COPAS DO MUNDO | **Itália 1990**

Holanda
1 × 1 Egito

Holanda
0 × 0 Inglaterra
1 × 1 Irlanda
1 × 2 Alemanha Ocidental

Uruguai
0 × 0 Espanha

Uruguai
1 × 3 Bélgica
1 × 0 Coreia do Sul
0 × 2 Itália

União Soviética
0 × 2 Romênia
4 × 0 Camarões

União Soviética
0 × 2 Argentina

Áustria
0 × 1 Itália
0 × 1 Tchecoslováquia

Áustria
2 × 1 Estados Unidos

Escócia
0 × 1 Costa Rica

Escócia
2 × 1 Suécia
0 × 1 Brasil

Egito
1 × 1 Holanda

Egito
0 × 0 Irlanda
0 × 1 Inglaterra

Suécia
1 × 2 Brasil

Suécia
1 × 2 Escócia
1 × 2 Costa Rica

Coreia do Sul
0 × 2 Bélgica
0 × 1 Uruguai

Coreia do Sul
1 × 3 Espanha

Estados Unidos
1 × 5 Tchecoslováquia
0 × 1 Itália
1 × 2 Áustria

Emirados Árabes Unidos
0 × 2 Colômbia
1 × 4 Iugoslávia

Emirados Árabes Unidos
1 × 5 Alemanha Ocidental

A Copa do Mundo da Itália foi o campeonato com a melhor canção (a interpretada por Gianna Nannini e Edoardo Bennato) e a média de gols mais baixa da história (2,21 por partida); também foi o campeonato dos tecidos extravagantes. Mesmo líder de mercado, a Adidas se encontrava em bancarrota por má gestão empresarial; em 1987, Herbert Dassler havia morrido. Na véspera da final entre argentinos e alemães, o francês Bernard Tapie, presidente do Olympique de Marselha, comprou 80% das ações da empresa. Dois anos depois, processado por fraudes financeiras, teve que vender a Adidas ao grupo britânico Pentland.

Quando, em 15 de novembro de 1989, a seleção da Alemanha Oriental fechava as eliminatórias com uma derrota por 3 × 0 para a Áustria, em Viena, fazia apenas seis dias que os habitantes de Berlim tinham derrubado o muro que os separava do Ocidente. A Alemanha caminhava para a reunificação, mas nas eliminatórias havia competido (pela última vez) dividida: a Ocidental se classificou atrás da Holanda, a Oriental ficou de fora. A seleção da Alemanha Ocidental se despediu dessa nomenclatura levantando o troféu de 1990 em Roma.

O processo de unificação seguiu até 3 de outubro de 1990 e, dois meses depois, a seleção unificada voltava a campo para golear a Suíça num amistoso em Stuttgart. A Alemanha – sem complementos – havia jogado pela última vez assim em 1942, em plena Segunda Guerra Mundial. Na última década do século XX, o mapa da Europa voltava a ser redesenhado.

Sem que ninguém soubesse, a Copa da Itália também marcava a última aparição mundialista da Tchecoslováquia, que não chegaria à próxima competição: em 1º de janeiro de 1993, dividiu-se em República Tcheca, por um lado, e Eslováquia, por outro, cada uma com a própria seleção de futebol. Seria também a despedida da União Soviética, que em 25 de dezembro de 1991 consumaria sua derrubada com a renúncia do presidente Mikhail Gorbachev.

Tampouco a Iugoslávia seria a mesma. Aquele timaço que vinha de ser campeão do Mundial Juvenil no Chile, em 1987, dispersou-se pela violenta Guerra dos Bálcãs: Bokšić, Prosinečki e Šuker foram para a Croácia, Stojković e Spasić para a Sérvia, Hadžibegić e Sušić para a Bósnia, Katanec para a Eslovênia, Pančev para a Macedônia e Savićević para Montenegro; uma sangria que privou o mundo de assistir a uma esquadra poderosa, entusiasta do jogo alegre e ofensivo.

As duas seleções alemãs, assim como a soviética, a tchecoslovaca e a iugoslava, são as mais conhecidas entre as que já não existem com os mesmos nomes. Mas há muitas outras, compiladas entre as páginas 218 e 221 deste livro.

15ª COPA DO MUNDO DE FUTEBOL

Estados Unidos
1994

Foi a Copa do Mundo da gola polo, adotada por 14 das 24 seleções; havia ali um eco das camisas usadas nos primeiros Mundiais. Apareceram também os números na frente das camisas e os sobrenomes dos jogadores na parte superior das costas.

A tendência à explosão cromática se apaziguou apenas um pouco, e os desenhos se tornaram mais personalizados. Alemanha, Suécia, Argentina, Brasil, Itália e Holanda, entre outras, mostraram os escudos das seleções com um sombreado ao fundo da camisa. A camisa azul alternativa da Argentina, por sua vez, sofreu com duas fileiras de remendos pretos que se estendiam para a manga direita. Outra má lembrança daquela Copa.

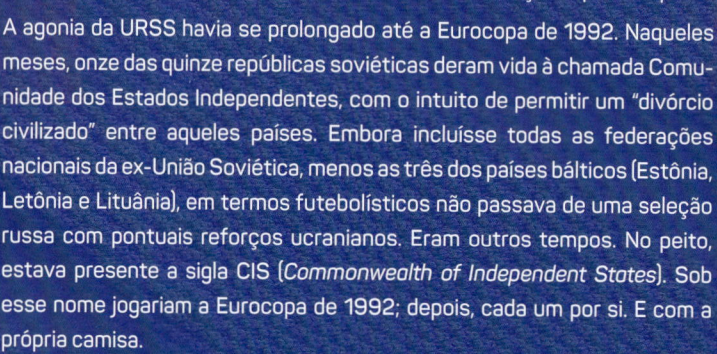

A agonia da URSS havia se prolongado até a Eurocopa de 1992. Naqueles meses, onze das quinze repúblicas soviéticas deram vida à chamada Comunidade dos Estados Independentes, com o intuito de permitir um "divórcio civilizado" entre aqueles países. Embora incluísse todas as federações nacionais da ex-União Soviética, menos as três dos países bálticos (Estônia, Letônia e Lituânia), em termos futebolísticos não passava de uma seleção russa com pontuais reforços ucranianos. Eram outros tempos. No peito, estava presente a sigla CIS (*Commonwealth of Independent States*). Sob esse nome jogariam a Eurocopa de 1992; depois, cada um por si. E com a própria camisa.

A Rússia, portanto, debutou como tal nos Mundiais e vestiu-se com Reebok, uma marca fundada na Inglaterra, alimentada com capital norte-americano e nova nos torneios mundialistas. Chegavam, também, a britânica Mitre, fornecedora de Camarões, e a italiana Diadora (que vestia a Itália desde 1985, mas sem colocar seu logotipo) com Bélgica e Grécia. A Arábia Saudita carregou o emblema de uma marca local: Shamel. A contratação mais importante envolveu o Brasil, que se juntou às fileiras da Umbro.

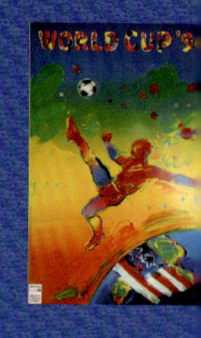

Participantes:	Partidas:	Gols:	Média de gols por partida:	Artilheiros: Oleg Salenko (Rússia) e Hristo Stoichkov (Bulgária), 6 gols	Destaque: Romário (Brasil)
24	54	141	2,71		

AS COPAS DO MUNDO | **Estados Unidos** 1994

Romário salta sobre Antonio Benarrivo.
**Final da Copa do Mundo de 1994, Brasil
0 (3) × 0 (2) Itália, Los Angeles.**

CAMPEÃO

WorldCup USA 94

Brasil
2 × 0 Rússia
3 × 0 Camarões
1 × 0 Estados Unidos
0 × 0 Itália
(Final, 3 × 2 nos pênaltis)

Brasil
1 × 1 Suécia
3 × 2 Holanda
1 × 0 Suécia

Depois de vinte e quatro anos, o Brasil voltava a levantar a Copa do Mundo. A camisa titular apresentava a particularidade de mostrar ao fundo, em marca d'água, três escudos gigantes da CBF. A reserva, de cor azul, como pede a história da seleção, era mais discreta que a titular e foi utilizada em três partidas. Essa camisa alternativa ficaria imortalizada no festejo do gol de Bebeto, que simulava embalar um bebê, na partida contra a Holanda; esse festejo se tornou uma imagem clássica dos mundiais e, por que não, do futebol dos anos 1990.

AS COPAS DO MUNDO | Estados Unidos 1994

Itália
0 × 1 Irlanda
2 × 1 Nigéria

Itália
1 × 0 Noruega
1 × 1 México
2 × 1 Espanha
2 × 1 Bulgária
0 × 0 Brasil (final, 2 × 3 nos pênaltis)

Suécia
2 × 2 Camarões
2 × 2 Romênia (5 × 4 nos pênaltis)
0 × 1 Brasil

Suécia
3 × 1 Rússia
1 × 1 Brasil
3 × 1 Arábia Saudita
4 × 0 Bulgária (decisão do terceiro lugar)

Bulgária
0 × 3 Nigéria
2 × 0 Argentina
2 × 1 Alemanha

Bulgária
4 × 0 Grécia
1 × 1 México (3 × 1 nos pênaltis)
1 × 2 Itália
0 × 4 Suécia (decisão do terceiro lugar)

Alemanha
1 × 0 Bolívia
1 × 1 Espanha
3 × 2 Coreia do Sul
3 × 2 Bélgica
1 × 2 Bulgária

Romênia
3 × 1 Colômbia
1 × 4 Suíça
1 × 0 Estados Unidos
3 × 2 Argentina

Romênia
2 × 2 Suécia (4 × 5 nos pênaltis)

Holanda
2 × 1 Arábia Saudita
2 × 0 Irlanda

Holanda
0 × 1 Bélgica
2 × 1 Marrocos
2 × 3 Brasil

Espanha
2 × 2 Coreia do Sul
1 × 1 Alemanha
3 × 0 Suíça

WorldCup USA 94

Espanha
3 × 1 Bolívia
1 × 2 Itália

Nigéria
3 × 0 Bulgária
2 × 0 Grécia

Nigéria
1 × 2 Argentina
1 × 2 Itália

Argentina
4 × 0 Grécia

Argentina
2 × 1 Nigéria
0 × 2 Bulgária
2 × 3 Romênia

Bélgica
1 × 0 Marrocos

Bélgica
1 × 0 Holanda
0 × 1 Arábia Saudita
2 × 3 Alemanha

Arábia Saudita
1 × 2 Holanda

Arábia Saudita
2 × 1 Marrocos
1 × 0 Bélgica
1 × 3 Suécia

México
0 × 1 Noruega
2 × 1 Irlanda
1 × 1 Bulgária
(1 × 3 nos pênaltis)

México
1 × 1 Itália

AS COPAS DO MUNDO | Estados Unidos 1994

Estados Unidos
1 × 1 Suíça
2 × 1 Colômbia
0 × 1 Romênia

Estados Unidos
0 × 1 Brasil

Suíça
1 × 1 Estados Unidos
0 × 3 Espanha

Suíça
4 × 1 Romênia
0 × 2 Colômbia

Irlanda
1 × 0 Itália

Irlanda
1 × 2 México
0 × 0 Noruega
0 × 2 Holanda

Noruega
1 × 0 México
0 × 1 Itália

Noruega
0 × 0 Irlanda

Rússia
0 × 2 Brasil

Rússia
1 × 3 Suécia
6 × 1 Camarões

Colômbia
1 × 3 Romênia

Colômbia
1 × 2 Estados Unidos
2 × 0 Suíça

115

Coreia do Sul
2 × 2 Espanha
0 × 0 Bolívia

Coreia do Sul
2 × 3 Alemanha

Bolívia
0 × 1 Alemanha
0 × 0 Coreia do Sul
1 × 3 Espanha

Camarões
2 × 2 Suécia
0 × 3 Brasil
1 × 6 Rússia

Marrocos
0 × 1 Bélgica
1 × 2 Arábia Saudita

Marrocos
1 × 2 Holanda

Grécia
0 × 4 Argentina

Grécia
0 × 4 Bulgária
0 × 2 Nigéria

Desprovida das icônicas três listras da marca, a Adidas idealizou para a seleção estadunidense duas camisas por fora do catálogo, criações especiais inspiradas em *the stars and stripes*, as estrelas e as listras da bandeira. Mas foram ainda mais longe no projeto: a primeira camisa tinha um azul que imitava o tecido do jeans mesclado com uma chuva de estrelas, enquanto a listrada era de um vermelho intenso, com as faixas verticais desenhando uma suave ondulação: a mesma da bandeira tremulando ao vento.

AS COPAS DO MUNDO | Estados Unidos 1994

É certo que os Estados Unidos não traziam a cultura futebolística dos anfitriões anteriores, mas também é verdade que contavam com uma invejável estrutura que prometia um torneio espetacular com seus nove estádios lotados. E assim foi, porque aquela Copa do Mundo terminou com os melhores dados de público da história: 3.587.348 torcedores ao todo, com público médio de 68.991 por partida. Sucesso total.

Detroit, em 18 de junho, abrigou um acontecimento mundialista: pela primeira vez uma partida de Copa do Mundo era disputada em um estádio coberto. Estados Unidos e Suíça empataram em 1 × 1 no Pontiac Silverdome. Já estava em marcha o tempo em que as potências econômicas ampliavam distâncias sobre os países menos desenvolvidos, por mais tradicionais que fossem no esporte. Em qualquer país do Terceiro Mundo, o Pontiac Silverdome seria considerado o "estádio nacional", por sua capacidade para 80 mil lugares e sua modernidade; nos Estados Unidos, foi demolido em 2017, depois de anos de abandono por conta da mudança dos Detroit Lions no futebol americano. O estádio já era obsoleto.

Rússia e Camarões estavam eliminadas quando fecharam o Grupo B, em São Francisco. Além de prometer 90 minutos de futebol ofensivo, a partida era colorida pelas indumentárias. Os russos golearam por 6 × 1 e o encontro deixou dois recordes para a posteridade: o russo Oleg Salenko marcou 5 gols, cifra única em nove décadas de Copas, e o camaronês Roger Milla ao anotar um gol naquela tarde, foi o jogador mais veterano a marcar, já que o atacante tinha 42 anos e 39 dias.

As camisas ficavam cada vez mais modernas. A Adidas dominou aquela Copa com modelos que se tornaram icônicos e foram copiados por várias marcas em torneios nacionais por anos a fio. Eram as variações do revolucionário conceito Equipment, que a marca havia lançado em 1991: as três listras não desciam mais pelos braços, e o estilo ganhava protagonismo.

A última Copa do Mundo antes da chegada da Nike teve outras particularidades. A partir do torneio norte-americano de 1994, a vitória passou a valer 3 pontos, em vez de 2, e pela primeira vez uma final terminou sem gols depois de 120 minutos e precisou ser decidida nos pênaltis.

Para os argentinos, restou o gosto amargo da exclusão de Diego Armando Maradona por um caso de *doping* positivo. Mesmo que só tenha entrado em campo nas duas primeiras partidas, alcançou a marca de mais jogos como capitão em Copas do Mundo: 16 duelos entre as Copas de 1986, 1990 e 1994.

16ª COPA DO MUNDO DE FUTEBOL

França 1998

A Copa do Mundo da França tornou mais evidente a ferrenha batalha entre as marcas de material esportivo para vestir as seleções. Quebrou-se a hegemonia da Adidas, que passou de vestir mais da metade das equipes europeias para abrigar apenas seis, quando o total de participantes chegava a 32. A Puma vestiu cinco times, mesmo número que a Nike, que irrompia de modo poderoso num cenário em que, antes, disputava apenas o mercado das chuteiras. A sua maior cartada foi ter se apoderado da camisa brasileira. A empresa norte-americana, na verdade, chegou a seis seleções se for o caso de contabilizar a camisa italiana, que seguia sem incorporar a logomarca em seu uniforme. A guerra estava tão acirrada que Éric Cantona, sempre polêmico, chegou a dizer que não foi convocado para a sua seleção por não ter contrato vigente com a Adidas.

Estreava a italiana Kappa com as chamativas camisas de África do Sul e Jamaica. A Reebok estava forte na América do Sul, junto às seleções de Chile, Colômbia e Paraguai. A Diadora acompanhou o campeonato da equipe da Bélgica. Os sauditas seguiam com a empresa local Shamel, estratégia parecida com a do Japão, que estampou na sua roupa a logo da Asics, fornecedora com sede na cidade de Kobe. Na sua primeira Copa do Mundo, os japoneses acrescentaram à habitual fauna de águias e leões o yatagarasu, um corvo de três patas e origem mitológica que os ajudou na classificação, mas que não conseguiria levá-los tão longe no Mundial da França: seriam eliminados ainda na primeira fase.

Um detalhe mexicano: a empresa ABA Sport, da cidade de Monterrey, preparou para a sua seleção uma camisa que ostentava ao fundo a imagem da Pedra do Sol. Era, talvez, a camisa mais original do campeonato, mas não foi o suficiente para quebrar a maldição de serem eliminados ao final da quarta partida.

Participantes:	Partidas:	Gols:	Média de gols por partida:	Artilheiro:	Destaque:
32	64	171	2,67	**Davor Suker (Croácia),** 6 gols	**Zinédine Zidane (França)**

AS COPAS DO MUNDO | **França** 1998

Zinédine Zidane anota o seu segundo gol. **Final da Copa do Mundo de 1998, França 3 × 0 Brasil, Paris.**

CAMPEÃO

França
3 × 0 África do Sul
4 × 0 Arábia Saudita
2 × 1 Dinamarca
1 × 0 Paraguai (prorrogação, gol de ouro)
2 × 1 Croácia
3 × 0 Brasil (final)

França
0 × 0 Itália
(4 × 3 nos pênaltis)

As camisas da França na Copa do Mundo de 1998 homenagearam o uniforme utilizado na vitoriosa campanha da Eurocopa de 1984 (com Michel Platini como destaque). A Adidas reproduziu aquelas camisas, tanto a titular como a suplente, para que a França se livrasse enfim do peso de nunca ter vencido um Mundial (desta vez liderada por Zinédine Zidane). Na semifinal, contra a Croácia, houve uma particularidade nos calções: foram azuis como as camisas, substituindo os clássicos *shorts* brancos.

AS COPAS DO MUNDO | França 1998

Brasil
2 × 1 Escócia
3 × 0 Marrocos
1 × 2 Noruega
4 × 1 Chile
3 × 2 Dinamarca
1 × 1 Holanda (4 × 2 nos pênaltis)
0 × 3 França (final)

Croácia
3 × 1 Jamaica
1 × 0 Japão
0 × 1 Argentina
1 × 2 França

Croácia
1 × 0 Romênia
3 × 0 Alemanha
2 × 1 Holanda (terceiro lugar)

Holanda
0 × 0 Bélgica

Holanda
5 × 0 Coreia do Sul
2 × 2 México
2 × 1 Iugoslávia
2 × 1 Argentina
1 × 1 Brasil (2 × 4 nos pênaltis)
1 × 2 Croácia (decisão do terceiro lugar)

Itália
2 × 2 Chile

Itália
3 × 0 Camarões
2 × 1 Áustria
1 × 0 Noruega
0 × 0 França
(3 × 4 nos pênaltis)

Argentina
1 × 0 Japão
5 × 0 Jamaica
1 × 2 Holanda

Argentina
1 × 0 Croácia
2 × 2 Inglaterra
(4 × 3 nos pênaltis)

Alemanha
2 × 0 Estados Unidos
2 × 2 Iugoslávia
2 × 0 Irã
2 × 1 México
0 × 3 Croácia

Dinamarca
1 × 0 Arábia Saudita
1 × 1 África do Sul
2 × 3 Brasil

Dinamarca
1 × 2 França
4 × 1 Nigéria

Inglaterra
2 × 0 Tunísia
1 × 2 Romênia
2 × 2 Argentina
(3 × 4 nos pênaltis)

Inglaterra
2 × 0 Colômbia

Iugoslávia
1 × 0 Irã
2 × 2 Alemanha
1 × 0 Estados Unidos

Iugoslávia
1 × 2 Holanda

Romênia
1 × 0 Colômbia
2 × 1 Inglaterra
0 × 1 Croácia

Romênia
1 × 1 Tunísia

Nigéria
3 × 2 Espanha
1 × 0 Bulgária
1 × 3 Paraguai
1 × 4 Dinamarca

México
3 × 1 Coreia do Sul
1 × 2 Alemanha

México
2 × 2 Bélgica
2 × 2 Holanda

Paraguai
0 × 0 Bulgária
0 × 0 Espanha

Paraguai
3 × 1 Nigéria
0 × 1 França (prorrogação, gol de ouro)

AS COPAS DO MUNDO | **França** 1998

Noruega
2 × 2 Marrocos
0 × 1 Itália

Noruega
1 × 1 Escócia
2 × 1 Brasil

Chile
2 × 2 Itália
1 × 1 Áustria
1 × 4 Brasil

Chile
1 × 1 Camarões

Espanha
2 × 3 Nigéria

Espanha
0 × 0 Paraguai
6 × 1 Bulgária

Marrocos
2 × 2 Noruega

Marrocos
0 × 3 Brasil
3 × 0 Escócia

Bélgica
0 × 0 Holanda
1 × 1 Coreia do Sul

Bélgica
2 × 2 México

Irã
0 × 1 Iugoslávia

Irã
2 × 1 Estados Unidos
0 × 2 Alemanha

FRANCE 98 WORLD CUP

Colômbia
0 × 1 Romênia

Colômbia
1 × 0 Tunísia
0 × 2 Inglaterra

Jamaica
1 × 3 Croácia
0 × 5 Argentina
2 × 1 Japão

Áustria
1 × 1 Camarões
1 × 1 Chile
1 × 2 Itália

África do Sul
0 × 3 França
1 × 1 Dinamarca
2 × 2 Arábia Saudita

Camarões
1 × 1 Áustria
1 × 1 Chile

Camarões
0 × 3 Itália

Tunísia
0 × 2 Inglaterra

Tunísia
0 × 1 Colômbia
1 × 1 Romênia

Escócia
1 × 2 Brasil
0 × 3 Marrocos

Escócia
1 × 1 Noruega

AS COPAS DO MUNDO | França 1998

Arábia Saudita
0 × 1 Dinamarca
0 × 4 França

Arábia Saudita
2 × 2 África do Sul

Bulgária
0 × 0 Paraguai

Bulgária
0 × 1 Nigéria
1 × 6 Espanha

Coreia do Sul
1 × 3 México
1 × 1 Bélgica

Coreia do Sul
0 × 5 Holanda

Japão
0 × 1 Argentina
0 × 1 Croácia
1 × 2 Jamaica

Estados Unidos
0 × 2 Alemanha

Estados Unidos
1 × 2 Irã
0 × 1 Iugoslávia

17ª COPA DO MUNDO DE FUTEBOL

Coreia do Sul e Japão 2002

Na primeira Copa do Mundo organizada por dois países, a guerra das marcas se tornou mais intensa. Mais da metade das seleções foram vestidas por Adidas (10) ou Nike (8). Ambas passaram a usar a tecnologia do tecido duplo: uma camada se encarregava de absorver o suor; a outra, de fazê-lo evaporar. A marca alemã incorporou o sistema ClimaCool e, a partir deste Mundial, começou a vender versões diferentes nas lojas: as camisas *fan*, ou réplicas, e as idênticas às utilizadas pelos jogadores, que antes eram produzidas apenas para os vestiários e não chegavam ao comércio.

A Itália pela primeira vez mostrou sua marca: timidamente, nas mangas, onde a logo da Kappa aparecia junto ao emblema do torneio que a FIFA impôs aquele ano para todos os participantes.

O Uruguai estreou contra a Dinamarca levando na camisa a marca da empresa italiana L-Sporto, que havia desenhado um modelo muito singular com gola polo e cordões que homenageavam os uniformes do começo do século XX. A FIFA, sempre atenta, percebeu que o tamanho da marca era maior do que previa o regulamento. A solução foi colar um pedaço de tecido celeste sobre a marca da camisa para enfrentar França e Senegal. Os uruguaios foram eliminados na primeira rodada, e com a *celeste* remendada.

Na primeira rodada, a Nigéria enfrentou a Argentina com uma camisa verde fluorescente com números brancos que de longe mal se distinguiam. Quando voltou a usá-la contra a Inglaterra, os números eram pretos. Os narradores agradeceram.

Camarões vinha de conquistar a Copa Africana de Nações com uma camisa sem mangas desenhada pela Puma. O modelo foi um sucesso, mas a FIFA proibiu seu uso na Copa do Mundo. Sem tempo para a confecção de novos uniformes, foram costuradas mangas negras que acabaram por dar forma a uma das camisas mais originais do campeonato.

Participantes:	Partidas:	Gols:	Média de gols por partida:	Artilheiro: Ronaldo (Brasil),	Bola de Ouro:
32	64	161	2,51	8 gols	Oliver Kahn, (Alemanha)

AS COPAS DO MUNDO | **Coreia do Sul e Japão** 2002

Ronaldo comemora gol no arco de Oliver Kahn. **Final da Copa do Mundo de 2002, Brasil 2 × 0 Alemanha, Yokohama.**

CAMPEÃO

Brasil
2 × 1 Turquia
4 × 0 China
5 × 2 Costa Rica
2 × 0 Bélgica
1 × 0 Turquia
2 × 0 Alemanha (final)

Brasil
2 × 1 Inglaterra

O Brasil venceu a sua última Copa do Mundo com um modelo desenhado pela Nike. A novidade foi a maior presença do verde, a partir de linhas que afinavam o tronco e antecipavam um futuro de camisas muito mais ajustadas, como as que a Kappa havia começado a preparar. Cafu, o capitão brasileiro, levantou a taça com uma mensagem escrita à mão na camisa: "100% Jardim Irene". Cafu tornava assim visível o bairro em que havia nascido, à época um dos mais pobres e violentos de São Paulo. Dizem que o lugar foi, em parte, positivamente modificado graças ao trabalho intenso de um dos melhores laterais da história.

AS COPAS DO MUNDO | Coreia do Sul e Japão 2002

Alemanha
8 × 0 Arábia Saudita
1 × 1 Irlanda
2 × 0 Camarões
1 × 0 Paraguai
1 × 0 Estados Unidos
1 × 0 Coreia do Sul
0 × 2 Brasil (final)

Turquia
1 × 2 Brasil
3 × 0 China
1 × 0 Senegal (prorrogação)
0 × 1 Brasil

Turquia
1 × 1 Costa Rica
1 × 0 Japão
3 × 2 Coreia do Sul (decisão do terceiro lugar)

Coreia do Sul
2 × 0 Polônia
1 × 1 Estados Unidos
0 × 1 Alemanha
2 × 3 Turquia (decisão do terceiro lugar)

Coreia do Sul
1 × 0 Portugal
2 × 1 Itália (prorrogação)
0 × 0 Espanha (5 × 3 nos pênaltis)

Espanha
3 × 1 Eslovênia
3 × 1 Paraguai
3 × 2 África do Sul
1 × 1 Irlanda (3 × 2 nos pênaltis)
0 × 0 Coreia do Sul (3 × 5 nos pênaltis)

Inglaterra
1 × 1 Suécia
3 × 0 Dinamarca
1 × 2 Brasil

Inglaterra
1 × 0 Argentina
0 × 0 Nigéria

Senegal
1 × 0 França
1 × 1 Dinamarca
0 × 1 Turquia (prorrogação)

Senegal
3 × 3 Uruguai
2 × 1 Suécia (prorrogação)

Estados Unidos
3 × 2 Portugal
1 × 1 Coreia do Sul
2 × 0 México

Estados Unidos
1 × 3 Polônia
0 × 1 Alemanha

2002 FIFA WORLD CUP KOREA JAPAN

Japão
2 × 2 Bélgica

Japão
1 × 0 Rússia
2 × 0 Tunísia
0 × 1 Turquia

Dinamarca
2 × 1 Uruguai
1 × 1 Senegal
2 × 0 França
0 × 3 Inglaterra

México
1 × 0 Croácia
2 × 1 Equador
1 × 1 Itália
0 × 2 Estados Unidos

Irlanda
1 × 1 Camarões
1 × 1 Alemanha
3 × 0 Arábia Saudita

Irlanda
1 × 1 Espanha
(2 × 3 nos pênaltis)

Suécia
1 × 1 Inglaterra
2 × 1 Nigéria

Suécia
1 × 1 Argentina
1 × 2 Senegal (prorrogação)

Bélgica
2 × 2 Japão
1 × 1 Tunísia
3 × 2 Rússia
0 × 2 Brasil

Itália
2 × 0 Equador
1 × 2 Croácia
1 × 2 Coreia do Sul (prorrogação)

Itália
1 × 1 México

AS COPAS DO MUNDO | Coreia do Sul e Japão 2002

Paraguai
2 × 2 África do Sul
3 × 1 Eslovênia
0 × 1 Alemanha

Paraguai
1 × 3 Espanha

África do Sul
2 × 2 Paraguai
1 × 0 Eslovênia

África do Sul
2 × 3 Espanha

Argentina
1 × 0 Nigéria
1 × 1 Suécia

Argentina
0 × 1 Inglaterra

Costa Rica
2 × 0 China
1 × 1 Turquia
2 × 5 Brasil

Camarões
1 × 1 Irlanda

Camarões
1 × 0 Arábia Saudita
0 × 2 Alemanha

Portugal
2 × 3 Estados Unidos
4 × 0 Polônia
0 × 1 Coreia do Sul

Rússia
2 × 0 Tunísia
0 × 1 Japão
2 × 3 Bélgica

Croácia
0 × 1 México
2 × 1 Itália

2002 FIFA WORLD CUP KOREA JAPAN

Croácia
0 × 1 Equador

Equador
0 × 2 Itália
1 × 2 México

Equador
1 × 0 Croácia

Polônia
0 × 2 Coreia do Sul
0 × 4 Portugal
3 × 1 Estados Unidos

Uruguai
1 × 2 Dinamarca

Uruguai
0 × 0 França
3 × 3 Senegal
Um pedaço de tecido celeste tapava a marca do fornecedor de material esportivo

Nigéria
0 × 1 Argentina
0 × 0 Inglaterra
Usou contra a Argentina números brancos e contra a Inglaterra, pretos

Nigéria
1 × 2 Suécia

França
0 × 1 Senegal

França
0 × 0 Uruguai
0 × 2 Dinamarca

Tunísia
0 × 2 Rússia

AS COPAS DO MUNDO | Coreia do Sul e Japão 2002

Tunísia
1 × 1 Bélgica
0 × 2 Japão

Eslovênia
1 × 3 Espanha
1 × 3 Paraguai

Eslovênia
0 × 1 África do Sul

China
0 × 2 Costa Rica
0 × 3 Turquia

China
0 × 4 Brasil

Arábia Saudita
0 × 8 Alemanha

Arábia Saudita
0 × 1 Camarões
0 × 3 Irlanda

Três dos favoritos – Argentina, França e Portugal – voltaram para casa ao final da primeira fase. Os franceses registraram o pior desempenho de um campeão vigente, com 2 derrotas e 1 empate; deixaram a Coreia sem marcar sequer um gol e com seus jogadores brigando entre si. No outro extremo, foram surpreendentes as campanhas de Coreia do Sul e Turquia. Na inimaginável partida que ambas disputaram pelo terceiro lugar, o turco Hakan Şükür marcou o gol mais rápido da história das Copas, com apenas 11 segundos de jogo.

18ª COPA DO MUNDO DE FUTEBOL

Alemanha 2006

A Copa de 1974, na Alemanha, havia marcado o tímido início dos logotipos de fornecedores nas camisas. Trinta e dois anos mais tarde, quando o Mundial voltava ao país, o marketing dominava por completo o cenário. A Adidas vestiu 6 seleções e, em sua própria casa, viu a Nike superá-la com 8. Coube à Puma salvar o orgulho alemão e liderar a corrida das marcas, vestindo 12 equipes, inclusive a campeã.

A Adidas se organizou sob o conceito Teamgeist e reproduziu nas camisas as mesmas curvas que havia desenhado para a bola oficial do torneio. A Nike buscou desenhos simples e cores planas, o elemento clássico, enquanto a Puma revolucionava apostando na sobreposição de imagens emblemáticas para cada seleção: Togo fez sua estreia mundialista com um gavião, a Costa do Marfim levava um elefante, a Polônia, uma águia, a Arábia Saudita, uma palmeira. A camisa de Angola, que também aparecia pela primeira vez em Copas, respeitou o tradicional desenho de faixas horizontais que há tempos vinha utilizando. A República Tcheca disputou o primeiro Mundial com esse nome e, no fundo da camisa, carregou a figura de um leão erguido, o mesmo do seu escudo.

Também houve estreias de nomes e desenhos para Ucrânia e Sérvia e Montenegro. Os ucranianos foram a campo vestidos de amarelo e azul, enquanto a seleção que se desmembrou da Iugoslávia havia apresentado um plantel "conjunto" (22 sérvios e 1 montenegrino), ainda que, uma semana antes do começo do torneio, Montenegro tenha declarado a sua independência e dado fim à união. Os dois estreantes europeus vestiam modelos da Lotto.

Trinidad e Tobago também se fez presente pela única vez em uma Copa e adaptou para a ocasião camisas genéricas da Adidas, às quais acrescentou o escudo da federação. Também incluiu na bagagem uma camisa alternativa de mangas longas, se fosse o caso de esfriar.

Participantes:	Partidas:	Gols:	Média de gols por partida:	Artilheiro: Miroslav Klose (Alemanha),	Bola de Ouro:
32	64	147	2,30	5 gols	Zinédine Zidane (França)

AS COPAS DO MUNDO | **Alemanha** 2006

Dividida entre Zinédine Zidane e o volante italiano Gennaro Gattuso. **Final da Copa do Mundo de 2006, Itália 1 (5) × 1 (3) França, Berlim.**

CAMPEÃO

Itália
2 × 0 Gana
1 × 1 Estados Unidos
2 × 0 República Tcheca
1 × 0 Austrália
3 × 0 Ucrânia
2 × 0 Alemanha
(prorrogação)
1 × 1 França
(final, 5 × 3 nos pênaltis)

A Itália obteve sua quarta Copa do Mundo vestindo um modelo da Puma, marca que assim ganhava um Mundial pela primeira vez. Trata-se de uma camisa com detalhes escuros e bem colada ao corpo, como a moda pedia para aqueles anos. Um dos jogadores a vestir essa camisa foi o argentino Mauro Camoranesi. Não era o primeiro argentino a ser campeão pela Itália: em 1934, Raimundo Orsi, Luis Monti, Attilio Demaría e Enrique Guaita haviam formado parte do vitorioso plantel italiano.

AS COPAS DO MUNDO | Alemanha 2006

França
0 × 0 Suíça
2 × 0 Togo

França
1 × 1 Coreia do Sul
3 × 1 Espanha
1 × 0 Brasil
1 × 0 Portugal
1 × 1 Itália
(Final, 3 × 5 nos pênaltis)

Alemanha
4 × 2 Costa Rica
1 × 0 Polônia
3 × 0 Equador
2 × 0 Suécia
1 × 1 Argentina (4 × 2 nos pênaltis)
0 × 2 Itália (prorrogação)
3 × 1 Portugal (decisão do terceiro lugar)

Portugal
1 × 0 Angola
2 × 0 Irã
2 × 1 México
1 × 0 Holanda
0 × 0 Inglaterra (3 × 1 nos pênaltis)
0 × 1 França
1 × 3 Alemanha (decisão do terceiro lugar)

Brasil
1 × 0 Croácia
2 × 0 Austrália
4 × 1 Japão
3 × 0 Gana
0 × 1 França

Argentina
2 × 1 Costa do Marfim
0 × 0 Holanda
2 × 1 México

Argentina
6 × 0 Sérvia e Montenegro
1 × 1 Alemanha
(2 × 4 nos pênaltis)

Inglaterra
1 × 0 Paraguai
2 × 0 Trinidad e Tobago
1 × 0 Equador
0 × 0 Portugal
(1 × 3 nos pênaltis)

Inglaterra
2 × 2 Suécia

Ucrânia
0 × 4 Espanha
4 × 0 Arábia Saudita
1 × 0 Tunísia
0 × 0 Suíça (3 × 0 nos pênaltis)
0 × 3 Itália

Espanha
4 × 0 Ucrânia
3 × 1 Tunísia
1 × 0 Arábia Saudita
1 × 3 França

Suíça
0 × 0 França

FIFA WORLD CUP GERMANY 2006

Suíça
2 × 0 Togo
2 × 0 Coreia do Sul
0 × 0 Ucrânia (0 × 3 nos pênaltis)

Holanda
1 × 0 Sérvia e Montenegro
2 × 1 Costa do Marfim
0 × 0 Argentina

Holanda
0 × 1 Portugal

Equador
2 × 0 Polônia
3 × 0 Costa Rica
0 × 3 Alemanha
0 × 1 Inglaterra

Gana
0 × 2 Itália
2 × 0 República Tcheca
0 × 3 Brasil

Gana
2 × 1 Estados Unidos

Suécia
0 × 0 Trinidad e Tobago
1 × 0 Paraguai
2 × 2 Inglaterra
0 × 2 Alemanha

México
3 × 1 Irã
1 × 2 Argentina

México
0 × 0 Angola
1 × 2 Portugal

Austrália
3 × 1 Japão
2 × 2 Croácia
0 × 1 Itália

Austrália
0 × 2 Brasil

AS COPAS DO MUNDO | **Alemanha** 2006

Coreia do Sul
2 × 1 Togo
1 × 1 França

Coreia do Sul
0 × 2 Suíça

Paraguai
0 × 1 Inglaterra
2 × 0 Trinidad e Tobago

Paraguai
0 × 1 Suécia

Costa do Marfim
1 × 2 Argentina
3 × 2 Sérvia e Montenegro

Costa do Marfim
1 × 2 Holanda

República Tcheca
3 × 0 Estados Unidos
0 × 2 Itália

República Tcheca
0 × 2 Gana

Polônia
0 × 2 Equador
2 × 1 Costa Rica

Polônia
0 × 1 Alemanha

Croácia
0 × 1 Brasil
0 × 0 Japão
2 × 2 Austrália

Angola
0 × 1 Portugal

FIFA WORLD CUP GERMANY 2006

Angola
0 × 0 México
1 × 1 Irã

Tunísia
2 × 2 Arábia Saudita
1 × 3 Espanha

Tunísia
0 × 1 Ucrânia

Estados Unidos
0 × 3 República Tcheca

Estados Unidos
1 × 1 Itália
1 × 2 Gana

Irã
1 × 3 México

Irã
0 × 2 Portugal
1 × 1 Angola

Trinidad e Tobago
0 × 0 Suécia
0 × 2 Inglaterra

Trinidad e Tobago
0 × 2 Paraguai

Arábia Saudita
2 × 2 Tunísia

Arábia Saudita
0 × 4 Ucrânia
0 × 1 Espanha

AS COPAS DO MUNDO | Alemanha 2006

Japão
1 × 3 Austrália
0 × 0 Croácia
1 × 4 Brasil

Togo
1 × 2 Coreia do Sul
0 × 2 França

Togo
0 × 2 Suíça

Costa Rica
2 × 4 Alemanha
1 × 2 Polônia

Costa Rica
0 × 3 Equador

Sérvia e Montenegro
0 × 1 Holanda
0 × 6 Argentina

Sérvia e Montenegro
2 × 3 Costa do Marfim

O campeão vigente (Brasil) pela primeira vez teve de disputar as eliminatórias para garantir uma vaga na Copa do Mundo. Para a Copa de 2006, a FIFA uniformizou o uso do emblema da competição: todas as seleções o levavam na manga direita. Ainda não era obrigatório o uso do adesivo com as informações da partida, mas Portugal, Inglaterra, Suécia, Austrália e Holanda prepararam um por conta própria. Os holandeses introduziram outra inovação: imprimiram no peito sua bandeira e a bandeira da equipe adversária. Em Zurique, os funcionários da FIFA tomaram nota.

19ª COPA DO MUNDO DE FUTEBOL

África do Sul
2010

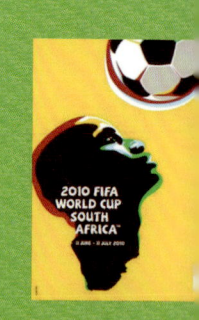

Foram muitas as novidades na indumentária para a Copa do Mundo de 2010. A Itália estreava o emblema de campeão mundial; a Adidas apresentava as suas camisas em duas versões, que seriam escolhidas pelos jogadores: a folgada e clássica Climacool e a Techfit, que se ajustava ao corpo do jogador. Como no campeonato anterior, várias equipes acrescentaram ao uniforme uma legenda com data, rival e sede da partida em disputa.

Em tempos em que o marketing esportivo já estava mais do que profissionalizado, a história da Coreia do Norte e da sua camisa na Copa da África do Sul é de uma estranheza sem precedentes. Durante as eliminatórias que os levariam à segunda Copa do Mundo, os norte-coreanos usaram uma camisa da marca chinesa Erke, que substituiu os serviços da Hummel. Curiosamente, não havia nenhum acordo formal entre a federação e a marca e, quando a chance de disputar a Copa se tornava real, a empresa se retirou. Começava ali uma corrida contra o tempo que incluiu, por exemplo, vestir a camisa reserva da Venezuela com o escudo tapado para enfrentar a própria *vinotinto* em um amistoso. Também houve aparições com a marca espanhola Astore, mesmo sem a autorização da empresa.

Chegava o mês de junho e a Coreia do Norte ainda não tinha um fornecedor para o seu uniforme, até que, em cima da hora, fechou um acordo com a italiana Legea por 4 milhões de euros. Faltava tão pouco tempo que só foi possível escolher um dos modelos do catálogo e costurar na frente a bandeira nacional e o emblema da competição. Rompantes de amadorismo em pleno 2010.

Participantes:	Partidas:	Gols:	Média de gols por partida:	Artilheiros: Thomas Müller (Alemanha), David Villa (Espanha), Wesley Sneijder (Holanda), Diego Forlán (Uruguai), 5 gols	Bola de Ouro: Diego Forlán (Uruguai)
32	64	145	2,26		

AS COPAS DO MUNDO | **África do Sul** 2010

Puyol vai ao chão enquanto Iker Casillas defende o chute de Robin van Persie. **Final da Copa do Mundo de 2010, Espanha 1 × 0 Holanda, Joanesburgo.**

CAMPEÃO

Espanha
2 × 1 Chile
1 × 0 Paraguai
1 × 0 Holanda
(final, prorrogação)

Espanha
0 × 1 Suíça
2 × 0 Honduras
1 × 0 Portugal
1 × 0 Alemanha

A Espanha conquistou a Copa do Mundo pela primeira vez e vestiu-se de azul na jornada de gala. A FIFA obrigou a seleção a usar o uniforme reserva na final contra a Holanda: "tínhamos em mente que, se ganhássemos, seria preciso usar a camisa vermelha para receber a taça e por isso nos trocamos, porque essa é a camisa que representa a Espanha", detalha Carlos Marchena, zagueiro da equipe comandada por Vicente del Bosque. O ex-jogador do Sevilla define aquele uniforme como "muito puro", pela predominância do vermelho, e não hesita: "era o modelo certo e nos trouxe sorte".

AS COPAS DO MUNDO | África do Sul 2010

Holanda
2 × 0 Dinamarca
1 × 0 Japão
2 × 1 Eslováquia
2 × 1 Brasil
3 × 2 Uruguai
0 × 1 Espanha (final, prorrogação)

Holanda
2 × 1 Camarões

Alemanha
4 × 0 Austrália
0 × 1 Sérvia
4 × 1 Inglaterra
0 × 1 Espanha

Alemanha
1 × 0 Gana
4 × 0 Argentina
3 × 2 Uruguai
(decisão do terceiro lugar)

Uruguai
0 × 0 França
1 × 0 México
2 × 1 Coreia do Sul
1 × 1 Gana (4 × 2 nos pênaltis)
2 × 3 Holanda
2 × 3 Alemanha (decisão do terceiro lugar)

Uruguai
3 × 0 África do Sul

Argentina
1 × 0 Nigéria
4 × 1 Coreia do Sul
3 × 1 México
0 × 4 Alemanha

Argentina
2 × 0 Grécia

Brasil
2 × 1 Coreia do Norte
3 × 1 Costa do Marfim
0 × 0 Portugal
3 × 0 Chile

Brasil
1 × 2 Holanda

Gana
1 × 0 Sérvia
1 × 1 Austrália
0 × 1 Alemanha

Gana
2 × 1 Estados Unidos (prorrogação)
1 × 1 Uruguai (2 × 4 nos pênaltis)

Paraguai
1 × 1 Itália
2 × 0 Eslováquia
0 × 0 Nova Zelândia
0 × 0 Japão (5 × 3 nos pênaltis)
0 × 1 Espanha

Japão
1 × 0 Camarões
3 × 1 Dinamarca
0 × 0 Paraguai
(3 × 5 nos pênaltis)

Japão
0 × 1 Holanda

Chile
1 × 0 Honduras
1 × 0 Suíça
1 × 2 Espanha

Chile
0 × 3 Brasil

Portugal
0 × 0 Costa do Marfim
0 × 1 Espanha

Portugal
7 × 0 Coreia do Norte
0 × 0 Brasil

Estados Unidos
1 × 1 Inglaterra
2 × 2 Eslovênia

Estados Unidos
1 × 0 Argélia
1 × 2 Gana (prorrogação)

Inglaterra
1 × 1 Estados Unidos
0 × 0 Argélia

Inglaterra
1 × 0 Eslovênia
1 × 4 Alemanha

AS COPAS DO MUNDO | **África do Sul** 2010

México
1 × 1 África do Sul

México
2 × 0 França
0 × 1 Uruguai
1 × 3 Argentina

Coreia do Sul
2 × 0 Grécia
1 × 4 Argentina

Coreia do Sul
2 × 2 Nigéria
1 × 2 Uruguai

Eslováquia
1 × 1 Nova Zelândia

Eslováquia
0 × 2 Paraguai
3 × 2 Itália
1 × 2 Holanda

Costa do Marfim
0 × 0 Portugal

Costa do Marfim
1 × 3 Brasil
3 × 0 Coreia do Norte

Eslovênia
1 × 0 Argélia

Eslovênia
2 × 2 Estados Unidos
0 × 1 Inglaterra

Suíça
1 × 0 Espanha
0 × 1 Chile

Suíça
0 × 0 Honduras

África do Sul
1 × 1 México
0 × 3 Uruguai
2 × 1 França

Austrália
0 × 4 Alemanha

Austrália
1 × 1 Gana
2 × 1 Sérvia

Nova Zelândia
1 × 1 Eslováquia
1 × 1 Itália

Nova Zelândia
0 × 0 Paraguai

Sérvia
0 × 1 Gana
1 × 0 Alemanha
1 × 2 Austrália

Dinamarca
0 × 2 Holanda
2 × 1 Camarões

Dinamarca
1 × 3 Japão

Grécia
0 × 2 Coreia do Sul

Grécia
2 × 1 Nigéria
0 × 2 Argentina

Itália
1 × 1 Paraguai
1 × 1 Nova Zelândia
2 × 3 Eslováquia

AS COPAS DO MUNDO | África do Sul 2010

Nigéria
0 × 1 Argentina
1 × 2 Grécia
2 × 2 Coreia do Sul

Argélia
0 × 1 Eslovênia

Argélia
0 × 0 Inglaterra
0 × 1 Estados Unidos

França
0 × 0 Uruguai

França
0 × 2 México
1 × 2 África do Sul

Honduras
0 × 1 Chile
0 × 2 Espanha

Honduras
0 × 0 Suíça

Camarões
0 × 1 Japão

Camarões
1 × 2 Dinamarca
1 × 2 Holanda

Coreia do Norte
1 × 2 Brasil
0 × 3 Costa do Marfim

Coreia do Norte
0 × 7 Portugal

20ª COPA DO MUNDO DE FUTEBOL

Brasil 2014

A FIFA continuou adicionando *patches* às camisas. Além do emblema do campeonato em andamento, presente na manga direita, acrescentou na esquerda o emblema do *Football for Hope*, iniciativa de desenvolvimento social criada pela entidade em 2005.

A Espanha não só carregou a primeira estrela de campeão como surpreendeu ao levar uma camisa preta atravessada por uma faixa verde fluorescente, peça que seria usada como uniforme alternativo. Por não cumprir com o requisito de contar com uma camisa clara e outra escura, a FIFA a obrigou a preparar um terceiro uniforme, que seria inteiramente branco. Mas a seleção jogaria apenas três partidas nesta Copa: perdeu para Holanda e Chile e ficou em terceiro lugar no grupo, superando só a Austrália. Como consolo, ao menos pôde usar uma camisa diferente em cada encontro.

A Copa do Mundo do Brasil deixou um gracioso recorde sobre a parte de trás das camisas: a grafia mais longa da história apareceu na camisa grega do zagueiro Sokratis Papastathopoulos, sobrenome de 16 caracteres que desafiava todos os padrões. Para compensar, naquele Mundial também esteve presente o atacante brasileiro Jô, com o nome mais curto da história das camisas mundialistas. Atrás da minúscula denominação, escondia-se na verdade o nome de João Alves de Assis Silva, um andarilho do futebol que vestiu 12 camisas em clubes da Rússia, da Inglaterra, Turquia, dos Emirados Árabes, da China e do Japão, e que ainda desafia o tempo atuando no futebol brasileiro. Um verdadeiro jogador internacional. De todo modo, seria difícil que alguém tenha percorrido mais quilômetros que o russo Iuri Gagarin, primeiro homem a viajar para o espaço, em 1961. A camisa branca da seleção russa, que representava a curvatura do planeta, era uma homenagem a ele.

Participantes:	Partidas:	Gols:	Média de gols por partida:	Artilheiro: James Rodríguez (Colômbia), 6 gols	Bola de Ouro: Lionel Messi (Argentina)
32	64	171	2,67		

AS COPAS DO MUNDO | **Brasil** 2014

Mario Gotze faz o gol do título. **Final da Copa do Mundo de 2014, Alemanha 1 × 0 Argentina, Rio de Janeiro.**

CAMPEÃO

Alemanha
4 × 0 Portugal
2 × 2 Gana
2 × 1 Argélia
(prorrogação)
1 × 0 França
1 × 0 Argentina
(final, prorrogação)

Alemanha
1 × 0 Estados Unidos
7 × 1 Brasil

A Alemanha festejou sua quarta conquista no Maracanã sobre a Argentina. A camisa titular tinha um V atravessando o peito, com um degradê de cores em que predominava o vermelho. A camisa reserva foi uma das peças que se destacou no torneio, muito pela semelhança com o uniforme de um clube brasileiro. No Brasil, as faixas horizontais em vermelho e preto são sinônimo de Flamengo, o clube mais popular do país. Tal coincidência rendeu à Alemanha o apoio de uma das maiores torcidas do mundo durante quase todo o campeonato; a exceção óbvia foi a semifinal. O uniforme reserva também foi utilizado na goleada de 7 × 1 sobre os anfitriões.

AS COPAS DO MUNDO | Brasil 2014

Argentina
2 × 1 Bósnia e Herzegovina
1 × 0 Irã
3 × 2 Nigéria
1 × 0 Suíça (prorrogação)
1 × 0 Bélgica
0 × 0 Holanda
(4 × 2 nos pênaltis)

Argentina
0 × 1 Alemanha
(final, prorrogação)

Holanda
5 × 1 Espanha
3 × 2 Austrália
3 × 0 Brasil (decisão do terceiro lugar)

Holanda
2 × 0 Chile
2 × 1 México
0 × 0 Costa Rica
(4 × 3 nos pênaltis)
0 × 0 Argentina
(2 × 4 nos pênaltis)

Brasil
3 × 1 Croácia
0 × 0 México
4 × 1 Camarões
1 × 1 Chile (3 × 2 nos pênaltis)
2 × 1 Colômbia
1 × 7 Alemanha
0 × 3 Holanda (decisão do terceiro lugar)

Colômbia
3 × 0 Grécia
2 × 1 Costa do Marfim
4 × 1 Japão
2 × 0 Uruguai

Colômbia
1 × 2 Brasil

Bélgica
2 × 1 Argélia
1 × 0 Rússia
2 × 1 Estados Unidos (prorrogação)
0 × 1 Argentina

Bélgica
1 × 0 Coreia do Sul

França
3 × 0 Honduras
0 × 1 Alemanha

França
5 × 2 Suíça
0 × 0 Equador
2 × 0 Nigéria

Costa Rica
3 × 1 Uruguai
1 × 0 Itália
1 × 1 Grécia (5 × 3 nos pênaltis)
0 × 0 Holanda
(3 × 4 nos pênaltis)

Costa Rica
0 × 0 Inglaterra

Chile
3 × 1 Austrália
1 × 1 Brasil (2 × 3 nos pênaltis)

Chile
2 × 0 Espanha
0 × 2 Holanda

México
1 × 0 Camarões
3 × 1 Croácia
1 × 3 Holanda

México
0 × 0 Brasil

Suíça
2 × 1 Equador
2 × 5 França
3 × 0 Honduras
0 × 1 Argentina (prorrogação)

Uruguai
1 × 3 Costa Rica
2 × 1 Inglaterra
0 × 2 Colômbia

Uruguai
1 × 0 Itália

Grécia
0 × 3 Colômbia
1 × 1 Costa Rica
(3 × 5 nos pênaltis)

Grécia
0 × 0 Japão
2 × 1 Costa do Marfim

Argélia
1 × 2 Bélgica
4 × 2 Coreia do Sul
1 × 1 Rússia

AS COPAS DO MUNDO | Brasil 2014

Argélia
1 × 2 Alemanha
(prorrogação)

Estados Unidos
2 × 1 Gana

Estados Unidos
2 × 2 Portugal
0 × 1 Alemanha
1 × 2 Bélgica (prorrogação)

Nigéria
0 × 0 Irã
1 × 0 Bósnia e Herzegovina
2 × 3 Argentina
0 × 2 França

Equador
1 × 2 Suíça

Equador
2 × 1 Honduras
0 × 0 França

Portugal
0 × 4 Alemanha
2 × 2 Estados Unidos
2 × 1 Gana

Croácia
1 × 3 Brasil
4 × 0 Camarões
1 × 3 México

Bósnia e Herzegovina
1 × 2 Argentina
3 × 1 Irã

Bósnia e Herzegovina
0 × 1 Nigéria

Costa do Marfim
2 × 1 Japão

Costa do Marfim
1 × 2 Colômbia
1 × 2 Grécia

Itália
2 × 1 Inglaterra
0 × 1 Costa Rica
0 × 1 Uruguai

Espanha
1 × 5 Holanda

Espanha
0 × 2 Chile

Espanha
3 × 0 Austrália

Rússia
1 × 1 Coreia do Sul
1 × 1 Argélia

Rússia
0 × 1 Bélgica

Gana
1 × 2 Estados Unidos
1 × 2 Portugal

Gana
2 × 2 Alemanha

Inglaterra
1 × 2 Itália
1 × 2 Uruguai
0 × 0 Costa Rica

Coreia do Sul
1 × 1 Rússia
0 × 1 Bélgica

Coreia do Sul
2 × 4 Argélia

AS COPAS DO MUNDO | Brasil 2014

Irã
0 × 0 Nigéria
1 × 3 Bósnia e Herzegovina

Irã
0 × 1 Argentina

Japão
1 × 2 Costa do Marfim
0 × 0 Grécia
1 × 4 Colômbia

Austrália
1 × 3 Chile
2 × 3 Holanda
0 × 3 Espanha

Honduras
0 × 3 França
1 × 2 Equador
0 × 3 Suíça

Camarões
0 × 1 México

Camarões
0 × 4 Croácia
1 × 4 Brasil

A seleção de Bósnia e Herzegovina foi a única a estrear na Copa do Mundo de 2014. Com Miralem Pjanić e Edin Džeko como destaques, animou-se a sonhar com uma boa campanha, mas dois minutos depois de iniciada a partida contra a Argentina já estava perdendo... e com um gol contra. Voltou a perder para a Nigéria e, antes de voltar para casa, despediu-se com um triunfo sobre o Irã.

Por sua vez, a Holanda foi a primeira equipe a usar os 23 jogadores do plantel ao longo do torneio. Antes, quando o limite de convocados era de 22 atletas, três seleções mandaram a campo todos os seus jogadores: a França em 1978 e Grécia e Estados Unidos na Copa do Mundo de 1994.

21ª COPA DO MUNDO DE FUTEBOL

Rússia 2018

A Polônia foi a única seleção que não estampou o emblema com equipes, data e lugar do encontro em nenhuma das três partidas que disputou na Copa do Mundo da Rússia. A sua classificação ao Mundial já arrastava certa polêmica. Se é certo que fez grande campanha nas eliminatórias, depois decidiu ficar um ano sem jogar nenhum amistoso nas datas FIFA para se manter entre os primeiros do ranking da entidade. Assim, pela primeira vez na história, pôde ser uma das cabeças de chave e evitar as seleções mais fortes na primeira fase. A prejudicada foi a Espanha, que foi deslocada por essa manobra e pelo anfitrião – desta vez a Rússia – que sempre encabeça um dos grupos. A estratégia de bastidores da Polônia naufragou dentro de campo: os poloneses caíram na primeira fase, depois de derrotas frente a Colômbia e Senegal.

A Adidas confeccionou modelos com referências a camisas importantes da história para várias das suas seleções. O exemplo mais nítido foi o da Alemanha, que vestiu uma camisa que homenageava o histórico uniforme da Copa do Mundo da Itália, em 1990.

A FIFA voltou a modificar o *patch* das camisas. A inscrição *Football for Hope* deu lugar a *Living Football*. O lema foi imortalizado pelo árbitro argentino Néstor Pitana, que antes das partidas que apitava na Copa, incluída a final, encarava os capitães com a frase "rapazes, *living football*, hein?". No ano seguinte, *Living Football* se tornou o nome de um troféu da FIFA para premiar a trajetória de dirigentes esportivos do mundo inteiro. O primeiro prêmio foi encaminhado ao então presidente da Argentina, Maurício Macri. A ocasião foi mais recordada pelos insultos que Macri ouviu na saída da sede da FIFA em Zurique, onde o esperava um grupo de argentinos.

Participantes:	Partidas:	Gols:	Média de gols por partida:	Artilheiro:	Bola de Ouro:
32	64	169	2,64	**Harry Kane** (Inglaterra), 6 gols	Luka Modrić (Croácia)

AS COPAS DO MUNDO | **Rússia** 2018

Kylian Mbappé e Luka Modrić disputam o controle da bola. **Final da Copa do Mundo de 2018, França 4 × 2 Croácia, Moscou.**

CAMPEÃO

FIFA WORLD CUP RUSSIA 2018

França
2 × 1 Austrália
1 × 0 Peru
4 × 3 Argentina
1 × 0 Bélgica
4 × 2 Croácia (final)

França
0 × 0 Dinamarca
2 × 0 Uruguai

A França voltou a levantar a taça, e desta vez venceu a Copa do Mundo vestindo uma camisa Nike com dois tons de azul: mais escuro no peito, mais claro nos ombros e nas mangas. A camisa alternativa, branca, apresentava ligeiros detalhes em azul e vermelho. As cores da bandeira francesa também apareciam na parte de trás da gola, nos dois modelos. Uma curiosidade: os franceses foram os primeiros campeões com números frontais estampados no lado direito da camisa.

AS COPAS DO MUNDO | **Rússia** 2018

Croácia
2 × 0 Nigéria
2 × 4 França (final)

Croácia
3 × 0 Argentina
2 × 1 Islândia
1 × 1 Dinamarca (3 × 2 nos pênaltis)
2 × 2 Rússia (4 × 2 nos pênaltis)
2 × 1 Inglaterra (prorrogação)

Bélgica
3 × 0 Panamá
1 × 0 Inglaterra
3 × 2 Japão
2 × 1 Brasil
0 × 1 França

Bélgica
5 × 2 Tunísia
2 × 0 Inglaterra (decisão do terceiro lugar)

Inglaterra
2 × 1 Tunísia
1 × 1 Colômbia (4 × 3 nos pênaltis)
2 × 0 Suécia
0 × 2 Bélgica (decisão do terceiro lugar)

Inglaterra
6 × 1 Panamá
0 × 1 Bélgica
1 × 2 Croácia (prorrogação)

Uruguai
1 × 0 Egito

Uruguai
1 × 0 Arábia Saudita
3 × 0 Rússia
2 × 1 Portugal
0 × 2 França

Brasil
1 × 1 Suíça
2 × 0 Sérvia
2 × 0 México
1 × 2 Bélgica

Brasil
2 × 0 Costa Rica

Suécia
1 × 0 Coreia do Sul
3 × 0 México
1 × 0 Suíça
0 × 2 Inglaterra

Suécia
1 × 2 Alemanha

FIFA WORLD CUP RUSSIA 2018

Rússia
5 × 0 Arábia Saudita
3 × 1 Egito
2 × 2 Croácia (3 × 4 nos pênaltis)

Rússia
0 × 3 Uruguai
1 × 1 Espanha (4 × 3 nos pênaltis)

Colômbia
1 × 2 Japão
1 × 0 Senegal
1 × 1 Inglaterra (3 × 4 nos pênaltis)

Colômbia
3 × 0 Polônia

Espanha
3 × 3 Portugal
1 × 0 Irã

Espanha
2 × 2 Marrocos
1 × 1 Rússia (3 × 4 nos pênaltis)

Dinamarca
1 × 0 Peru
0 × 0 França

Dinamarca
1 × 1 Austrália
1 × 1 Croácia (2 × 3 nos pênaltis)

México
1 × 0 Alemanha
0 × 3 Suécia
0 × 2 Brasil

México
2 × 1 Coreia do Sul

Portugal
3 × 3 Espanha
1 × 1 Irã

AS COPAS DO MUNDO | **Rússia** 2018

Portugal
1 × 0 Marrocos
1 × 2 Uruguai

Suíça
1 × 1 Brasil
2 × 2 Costa Rica
0 × 1 Suécia

Suíça
2 × 1 Sérvia

Japão
2 × 1 Colômbia
2 × 2 Senegal
0 × 1 Polônia
2 × 3 Bélgica

Argentina
1 × 1 Islândia

Argentina
0 × 3 Croácia
2 × 1 Nigéria
3 × 4 França

Senegal
2 × 1 Polônia
0 × 1 Colômbia

Senegal
2 × 2 Japão

Irã
1 × 0 Marrocos
1 × 1 Portugal

Irã
0 × 1 Espanha

Coreia do Sul
0 × 1 Suécia

Coreia do Sul
1 × 2 México
2 × 0 Alemanha

FIFA WORLD CUP RUSSIA 2018

Peru
0 × 1 Dinamarca
0 × 1 França

Peru
2 × 0 Austrália

Nigéria
0 × 2 Croácia
1 × 2 Argentina

Nigéria
2 × 0 Islândia

Alemanha
0 × 1 México
2 × 1 Suécia

Alemanha
0 × 2 Coreia do Sul

Sérvia
1 × 0 Costa Rica

Sérvia
1 × 2 Suíça
0 × 2 Brasil

Tunísia
1 × 2 Inglaterra
2 × 1 Panamá

Tunísia
2 × 5 Bélgica

Polônia
1 × 2 Senegal
0 × 3 Colômbia
1 × 0 Japão

AS COPAS DO MUNDO | **Rússia** 2018

Arábia Saudita
0 × 5 Rússia
2 × 1 Egito

Arábia Saudita
0 × 1 Uruguai

Marrocos
0 × 1 Irã
0 × 1 Portugal

Marrocos
2 × 2 Espanha

Islândia
1 × 1 Argentina
1 × 2 Croácia

Islândia
0 × 2 Nigéria

Costa Rica
0 × 1 Sérvia

Costa Rica
0 × 2 Brasil
2 × 2 Suíça

Austrália
1 × 2 França
0 × 2 Peru

Austrália
1 × 1 Dinamarca

Egito
0 × 1 Uruguai

Egito
1 × 3 Rússia
1 × 2 Arábia Saudita

Panamá
0 × 3 Bélgica

Panamá
1 × 6 Inglaterra
1 × 2 Tunísia

A cada quatro anos, a corrida das empresas de material esportivo por inovações tecnológicas vai um pouco mais longe. O que mais pode ser inventado para deixar as camisas mais leves e arejadas? Para a Copa do Mundo da Rússia, a Nike apelou à sustentabilidade: o tecido de cada camisa foi fabricado com ao menos 12 garrafas de plástico recicladas. O padrão em espiral 3D do tecido Vapor Knit, que mostrava minúsculos buraquinhos no peito e nas costas, foi traçado a partir de mapas de calor e suor dos jogadores. "A transferência de calor em alta tecnologia é até 64% mais leve que nos sistemas anteriores", garantem.

A Adidas alternou entre desenhos clássicos e retrôs com a nova tecnologia Climachill de esfriamento. Preparou, para cada país, uma camisa que recordava outra peça de décadas passadas, mas redefiniu a silhueta da confecção, como o corte dos ombros, buscando melhor rendimento. Além disso, os "velhos" escudos bordados, que iam sendo substituídos pelos estampados, encontraram outra inovação com as logomarcas de poliuretano termoplástico (TPU), ou elastômeros.

Por sua vez, a Puma reduziu as costuras e implementou a tecnologia de regulação de calor evoKNIT, que também equilibrava a temperatura.

A mais recente Copa do Mundo confirmou uma tendência: a grande queda de braço entre as empresas seguia sendo vencida por Adidas e Nike, com 12 e 10 seleções, respectivamente. Bem atrás ficou a Puma, com 4. Dois estreantes no percurso mundialista trouxeram à tona duas novas companhias: a Islândia vestiu-se com Errea, e o Panamá com New Balance (que também esteve com a Costa Rica).

Como costuma acontecer a cada quatro anos, nos meses que antecedem o Mundial são apresentados os novos modelos que vestirão os times classificados. No caso da Copa da Rússia, todas as novidades foram catalogadas como 2018-19, projetando que, em 2020, haveria novos desenhos para os torneios continentais. Mas a pandemia da covid-19 conspirou contra o marketing global e, mesmo que as vendas online ocupassem parte do espaço das lojas tradicionais, a suspensão do futebol internacional limitou o impacto das novas indumentárias, apresentadas pela TV em estádios muitas vezes vazios. A Itália venceu a Eurocopa com uma camisa que mostrava linhas em estilo renascentista. Mais uma vez, a Puma apostava em desenhos singulares, com elementos próprios de cada cultura nacional. Na outra ponta, a Adidas abrigou várias seleções com uma textura de aparência "camuflada", próxima à estética das lutas. A Argentina venceu a Copa América com um modelo híbrido, em que as listras celestes ganhavam o efeito camuflado e as brancas permaneciam lisas. Os torcedores argentinos rejeitaram a camisa desde o dia do lançamento, mas a vitória no Maracanã, em plena final, fez deixar de lado os juízos estéticos.

O fato da Copa do Mundo de 2022, no Catar, acontecer no final do ano e não no esperado verão do hemisfério norte, somado ao atraso das eliminatórias, fizeram com que os grupos do Mundial fossem sorteados sem a definição de todas as equipes. Também houve demora na apresentação dos novos uniformes, ainda que a guerra de "vazamentos" dos modelos tenha começado já em 2021.

Se o mundo do futebol foi paralisado durante meses por conta da covid-19, no Catar não houve pausa nem por um minuto. Para estrear no mundo das Copas, o pequeno emirado do Golfo Pérsico investiu milhões de dólares. Recursos não faltavam: o Catar possui a terceira maior reserva mundial de gás natural, condição que o torna o país com a maior renda *per capita* do planeta. Oito luxuosos estádios formarão o mapa da 22ª Copa do Mundo. No dia 18 de dezembro, no imponente Lusail Iconic Stadium, cerca de 85 mil torcedores verão o novo plantel campeão erguer o troféu de ouro maciço. Torcemos para que estejam com a nossa camisa.

As campeãs
Novas perspectivas

"O Britsh Ladies Football Club apresenta a primeira partida de futebol feminino: Norte *vs.* Sul." Esse anúncio foi publicado na Grã-Bretanha e convocava o público para um encontro que se realizaria no sábado, 23 de março de 1895, em Crouch End, Londres. Não existe registro anterior de um jogo protagonizado por mulheres. Dali em diante, nada foi fácil, mas o desenvolvimento da atividade nunca parou. Nettie Honeyball tinha fundado o primeiro clube de futebol integralmente formado por mulheres um ano antes. Declarou que buscava "provar ao mundo que as mulheres não são essas criaturas ornamentais e inúteis que os homens pintam". O cronista do *Jarraw Express*, um dos meios que cobriu aquele *match* assistido por cerca de dez mil pessoas, publicou o seguinte: "Os membros do British Ladies Football Club jogaram sua primeira partida em público. Esperamos que seja o última". Era incômodo não só que as mulheres tivessem sido protagonistas de um esporte até o momento masculino, mas também a forma como se vestiam: botinas, camisas e calças ao invés de saias.

Em 1920 já se tem registro da primeira partida internacional entre o Dick Kerr's Ladies inglês e uma seleção de atletas francesas. A FA, organizadora do futebol britânico, não a tolerou e por essa razão, em 1921, decidiu proibir a competição entre mulheres nos estádios. Ainda assim, elas seguiram jogando.

Foi somente em 1969 que a FA decidiu devolver ao esporte a possibilidade que havia eliminado e procedeu à criação de uma divisão feminina. Com esse impulso, as mulheres que haviam continuado a prática do esporte durante os anos de "proibição" conseguiram organizar duas copas mundiais consecutivas: em 1970 (Itália) e em 1971 (México). Nenhuma delas foi reconhecida pela FIFA.

Em 1991, começa a história oficial. A China foi a sede da primeira Copa do Mundo Feminina de Futebol organizada pela FIFA, evento que contou com a participação de 12 seleções. Os Estados Unidos, que tinham conseguido um desenvolvimento grandioso devido à enorme estrutura universitária, venceram a primeira edição. A marca Adidas entraria para a história vestindo a seleção estadunidense com um modelo que tinha as suas três listras como protagonistas. As norte-americanas marcariam o caminho com outros três títulos e a troca de patrocinador para o símbolo da Nike não modificaria o rumo vencedor.

A Noruega se inscreveu na lista de campeãs com uma camisa que compartilhou

As campeãs

com a seleção masculina, e a Alemanha alcançou o bicampeonato com duas camisas projetadas especialmente para a equipe feminina. As marcas começaram a criar para as mulheres. Tanto foi assim que a camisa campeã usada pelos Estados Unidos em 2019 alcançou o recorde de ser a mais vendida no site nike.com numa só temporada, em um registro que incluiu também as peças masculinas. O desejo do jornalista do *Jarrow Express* não resultou em nada. Houve outro maior, impulsionado por um grupo de mulheres que buscava igualdade: que o futebol fosse para todos e para todas. Esse desejo, sim, se realizou.

Estados Unidos
China 1991

Noruega
Suécia 1995

Estados Unidos
Estados Unidos 1999

Alemanha
Estados Unidos 2003

Alemanha
China 2007

Japão
Alemanha 2011

Estados Unidos
Canadá 2015

Estados Unidos
França 2019

Goleiros
Ao arco

Os goleiros são únicos e distintos do resto da equipe. Alguns vão mais longe e dizem que são seres estranhos. Estranhos e distintos, vestem-se de maneira diferente. A princípio, foram da discrição despojada para uma pitoresca elegância: camisas de gola alta, boinas com viseira, depois as joelheiras e, na década de 1960, as luvas.
Não queriam chamar a atenção por seus aparatos. Assim explicou o célebre arqueiro uruguaio Ladislao Mazurkiewicz: "com as arquibancadas atrás, o atacante mal pode te ver, não tem um ponto de referência". Ladislao, sim, tinha a sua referência: era Lev Yashin, "a aranha negra" soviética, considerado o melhor goleiro da história do futebol. O apelido de Yashin tinha dois motivos: chegava a cantos onde os outros não alcançavam e se vestia completamente de preto. E, se o melhor se vestia de preto, era por alguma razão.
Uma lenta renovação cromática foi dando brilho e personalidade aos uniformes. Um reconhecimento deve ser feito aos brasileiros e italianos, que, por décadas, perseveraram em seu estilo: à primeira vista, já se sabia qual arco defendiam. Nos anos 1980, apareceram visuais simples, mas bonitos, para a maioria dos goleiros dos Mundiais. Já nos 1990, o design personalizado chegou para ficar e possivelmente ninguém irá mais longe que Jorge Campos, com suas cores fluorescentes e desenhos psicodélicos inspirados na cultura *surfer* de Acapulco. De passar quase batidos, chegaram a impressionar rivais.
Sóbrios ou audazes, diferentes, únicos. Sempre, mais cedo ou mais tarde, solitários.

Goleiros

171

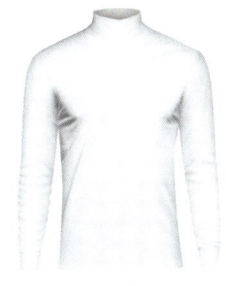

Enrique Ballestrero
(Campeão)
Uruguai
1930

Giampiero Combi
(Campeão)
Itália
1934

Ricardo Zamora
("O divino")
Espanha
1934

Aldo Olivieri
(Campeão)
Itália
1938

Roque Máspoli
(Campeão)
Uruguai
1950

Toni Turek
(Campeão)
Alemanha Ocidental
1954

Gilmar
(Campeão)
Brasil
1958

Gilmar
(Campeão)
Brasil
1962

Gordon Banks
(Campeão)
Inglaterra
1966

Lev Yashin
(Considerado o melhor goleiro do século XX)
URSS
1966

Antonio Carbajal
(Primeiro atleta e único goleiro a disputar 5 Copas)
México
1966

Félix
(Campeão)
Brasil
1970

Ladislao Mazurkiewicz
Uruguai
1970

Sepp Maier
(Campeão)
Alemanha Ocidental
1974

Jan Tomaszewski
(decisão do terceiro lugar)
Polônia
1974
Defendeu duas penalidades

Emerson Leão
(Quarto lugar)
Brasil
1974

Ubaldo Matildo Fillol
(Campeão)
Argentina
1978

Ronnie Hellström
Suécia
1978

Dino Zoff
(Campeão)
Itália
1982
Com 40 anos e 133 dias, foi o campeão do mundo mais veterano

Goleiros

Nery Alberto Pumpido
(Campeão)
Argentina
1986

Bodo Illgner
(Campeão)
Alemanha Ocidental
1990

Sergio Goycochea
Argentina
1990

Taffarel
(Campeão)
Brasil
1994

Jorge Campos
México
1994

Fabien Barthez
(Campeão)
França
1998

Marcos
(Campeão)
Brasil
2002

Oliver Kahn
Alemanha
2002
Primeiro goleiro eleito
Bola de Ouro em uma Copa

Gianluiggi Buffon
(Campeão)
Itália
2006

Íker Casillas
(Campeão)
Espanha
2010

Manuel Neuer
(Campeão)
Alemanha
2014

Hugo Lloris
(Campeão)
França
2018

DADOS MUNDIAIS
DADOS, NÃO OPINIÕES

Ao longo de 21 edições da Copa do Mundo (de 1930 até 2018), foram registrados 900 jogos e 2.448 gols. Essas cifras serão atualizadas quando Catar e Equador entrarem em campo no Catar em 2022.

O alemão Lothar Matthäus foi quem mais disputou partidas em Copas do Mundo: 25 (2 na Espanha, em 1982, 7 no México, em 1986, 7 na Itália, em 1990, 5 nos Estados Unidos, em 1994 e 4 na França, no ano de 1998). É seguido por seu compatriota Miroslav Klose (24) e pelo italiano Paolo Maldini (23), o argentino Diego Maradona, o alemão Uwe Seeler e o polonês Władysław Żmuda (21).

O brasileiro Cafu é o único jogador que participou de três finais: em 1994, diante da Itália, em 1998, contra a França e, em 2002, frente a Alemanha.

Apenas três jogadores conseguiram disputar cinco Copas do Mundo diferentes: o goleiro mexicano Antonio Carbajal (de 1950 a 1966), o alemão Lotthar Matthäus (de 1982 a 1998) e o também mexicano Rafael Márquez (de 2002 a 2018).

O alemão Miroslav Klose é o maior artilheiro dos Mundiais. Klose soma 16 gols marcados: 5 na Copa do Japão e da Coreia do Sul, em 2002, 5 na Alemanha, em 2006, 4 na África do Sul, em 2010, e 2 no Brasil, em 2014. É seguido pelo brasileiro Ronaldo (15), o alemão Gerd Müller (14), o francês Just Fontaine (13), o brasileiro Pelé (12), o húngaro Sándor Kocsis e o alemão Jürgen Klinsmann (ambos com 11).

O russo Oleg Salenko mantém o recorde de gols em uma só partida: 5. Marcou-os na vitória de 6 × 1 contra Camarões, em 1994.

O inglês Geoff Hurst é o único jogador que converteu três gols em uma final. Foi em 30 de julho de 1966, quando os ingleses venceram a Alemanha Ocidental por 4 × 2 e se consagraram campeões.

Três goleiros defenderam dois pênaltis em Copas: o polonês Jan Tomaszewski (frente a Suécia e Alemanha Ocidental, em 1974), o estadunidense Brad Friedel (diante de Coreia do Sul e Polônia, em 2002) e o espanhol Íker Casillas (da Irlanda em 2002 e do Paraguai em 2010).

Apenas quatro jogadores anotaram gols em duas finais distintas. O brasileiro Vavá (1958 e 1962), seu compatriota Pelé (1958 e 1970), o alemão Paul Breitner (1974 e 1982) e o francês Zinédine Zidane (1998 e 2006).

O mexicano Rafael Márquez foi quem mais carregou a faixa de capitão em Copas do Mundo: 17 partidas entre 2002, 2006, 2010, 2014 e 2018.

O gol mais rápido foi marcado pelo turco Hakan Şükür, quando o cronômetro marcava 11 segundos de jogo contra a Coreia do Sul, na disputa pelo terceiro lugar da Copa do Mundo de 2002.

A Argentina é a única seleção que, em sua trajetória para o título, deixou para trás quatro campeões do mundo: em 1986, enfrentou Itália, Uruguai, Inglaterra e Alemanha Ocidental.

A invencibilidade mais longa da história foi mantida pelo Brasil. Foram 13 partidas sem conhecer a derrota (11 vitórias e 2 empates) entre a Copa do Mundo de 1958 e a de 1966. O caminho foi atravessado pela Hungria, com um 3 × 1 em Liverpool. Também é brasileira a melhor sequência de vitórias: 11 (do 2 × 1 contra Turquia em 2002 até o 3 × 0 contra Gana em 2006).

Há três partidas que se repetiram sete vezes na história das Copas: Brasil × Suécia (1938, 1950, 1962, 1978, 1990 e duas vezes em 1994), Alemanha/Alemanha Ocidental × Iugoslávia/Sérvia (1954, 1958, 1962, 1974, 1990, 1998 e 2010) e Argentina × Alemanha/Alemanha Ocidental (1958, 1966, 1986, 1990, 2006, 2010 e 2014).

Egito e Noruega dividem o recorde de maior intervalo entre duas participações em Copas: 56 anos. Os egípcios estiveram na Itália em 1934 e não voltaram a disputar até a Copa do Mundo de 1990, também na Itália; os noruegueses, depois de presentes na França em 1938, tiveram de esperar até a Copa dos Estados Unidos, em 1994.

Mesmo que a sua última participação tenha sido em 1986, a Hungria segue ostentando o recorde da melhor média de gols nos Mundiais: 2,72 (87 gols em 32 partidas).

Em 2010, a África do Sul tornou-se o primeiro (e único) país anfitrião eliminado ainda na primeira fase.

A Escócia tem um recorde negativo: em suas oito participações, nunca passou da primeira fase. Despediu-se rapidamente em 1954, 1958, 1974, 1978, 1982, 1986, 1990 e 1998. É seguida por Tunísia e Irã (5 vezes), Bolívia, África do Sul e Egito (3).

São cinco as seleções que nunca marcaram um gol sequer em Mundiais: Índias Orientais Holandesas, Zaire, Canadá, China e Trinidad e Tobago. Este último, aliás, marcou um gol contra ao enfrentar o Paraguai.

A capital mexicana foi a cidade que recebeu mais partidas de Copas do Mundo: 23. Em 1970, foram 9 jogos na Cidade do México (todos no estádio Azteca) e, em 1986, foram 14 encontros disputados (10 no Azteca e outros 4 no estádio Olímpico Universitário). Na sequência, estão Guadalajara (México) e Montevidéu (Uruguai), com 18, e Joanesburgo (África do Sul), Rio de Janeiro (Brasil), Paris (França) e São Paulo (Brasil), com 12.

O francês Lucien Laurent marcou o primeiro gol da história das Copas do Mundo: foi contra o México, no minuto 19 da primeira partida, no dia 13 de julho de 1930, em Montevidéu.

Apenas três jogadores campeões do mundo voltaram a conquistar o título como treinadores: o alemão Franz Beckenbauer (zagueiro em 1974 e técnico em 1990), o brasileiro Mário Zagallo (ponteiro esquerdo em 1958 e 1962 e técnico em 1970; além disso, foi assistente de Carlos Alberto Parreira em 1994) e o francês Didier Deschamps (volante em 1998 e treinador em 2018).

Só um técnico dirigiu seleções em seis Copas do Mundo: o brasileiro Carlos Alberto Parreira. Em 1982, comandou o Kuwait, em 1990, os Emirados Árabes Unidos. Em 1994, foi campeão com o Brasil e em 1998, guiou a Arábia Saudita; voltou a treinar o Brasil em 2006 e, em 2010, esteve à frente da África do Sul.

O goleiro egípcio Essam Kamal Tawfiq El-Hadary possui o recorde de ser o jogador mais veterano a atuar numa Copa do Mundo: contava 45 anos e 161 dias quando o Egito foi derrotado pela Arábia Saudita por 1 × 2, em 25 de junho de 2018, na cidade de Volgogrado, Rússia.

Na Copa do Mundo do México, em 1970, foi realizada a primeira substituição: o soviético Anatoli Pusatch entrou em campo no lugar do seu companheiro Viktor Serebrjanikov no começo do segundo tempo da partida inaugural, diante do México. Antes de 1970, não havia jogadores reservas.

O peruano Mario de las Casas foi o primeiro atleta expulso: contra a Romênia, em 1930, aos 56 minutos de jogo. O árbitro chileno Alberto Warnke foi o responsável pela punição. Por engano, os peruanos afirmaram durante anos que o jogador expulso tinha sido Plácido Galindo.

O cartão mais rápido da história dos Mundiais foi o recebido pelo mexicano Jesús Gallardo, aos 13 segundos da partida contra a Suécia, na Copa da Rússia, em 2018. Foi um cartão amarelo apresentado pelo árbitro argentino Néstor Pitana.

A expulsão mais rápida foi a registrada pelo uruguaio José Batista: teve de deixar o campo aos 56 segundos do jogo contra a Escócia, em 1986. O árbitro francês Joël Quiniou foi quem sancionou a falta violenta cometida contra Gordon Strachan.

São três as duplas de irmãos que anotaram gols em Copas do Mundo: os alemães Fritz e Ottmar Walter, que marcaram dois cada um na semifinal contra a Áustria, no dia 30 de junho de 1954, na Suíça; os gêmeos holandeses René e Willy Van de Kerkhof, que anotaram um cada um na Copa da Argentina, em 1978, e os dinamarqueses Michael e Brian Laudrup na França, em 1998 (Michael marcou contra a França, Brian contra a Nigéria e o Brasil).

Tabela histórica das Copas do Mundo

Pos.	Seleção	CJ	Pts.	PJ	V	E	D	GF	GS	SG
1	Brasil	21	237	109	73	18	18	229	105	+124
2	Alemanha	19	221	109	67	20	22	226	125	+101
3	Itália	18	156	83	45	21	17	128	77	+51
4	Argentina	17	144	81	43	15	23	137	93	+44
5	França	15	115	66	34	13	19	120	77	+43
6	Inglaterra	15	108	68	29	21	18	90	62	+28
7	Espanha	15	105	63	30	15	18	99	72	+27
8	Holanda	10	93	50	27	12	11	86	48	+38
9	Uruguai	13	84	56	24	12	20	87	74	+13
10	Suécia	12	70	51	19	13	19	80	73	+7
11	Bélgica	13	69	48	20	9	19	68	72	−4
12	Rússia	11	67	45	19	10	16	77	54	+23
13	Sérvia	12	62	46	18	8	20	66	63	+3
14	México	16	62	57	16	14	27	60	98	−38
15	Polônia	8	53	34	16	5	13	46	45	+1
16	Portugal	7	48	30	14	6	10	49	35	+14
17	Hungria	9	48	32	15	3	14	87	57	+30
18	Suíça	11	44	37	12	8	17	50	64	−14
19	República Tcheca	9	41	33	12	5	16	47	49	−2
20	Áustria	7	40	29	12	4	13	43	47	−4
21	Chile	9	40	33	11	7	15	40	49	−9
22	Croácia	5	37	23	11	4	8	35	26	+9
23	Dinamarca	5	32	20	9	5	6	30	26	+4
24	Paraguai	8	31	27	7	10	10	30	38	−8
25	Colômbia	6	30	22	9	3	10	32	30	+2
26	Estados Unidos	10	30	33	8	6	19	37	62	−25
27	Romênia	7	29	21	8	5	8	30	32	−2
28	Coreia do Sul	10	27	34	6	9	19	34	70	−36
29	Nigéria	6	21	21	6	3	12	23	30	−7
30	Japão	6	20	21	5	5	11	20	29	−9
31	Costa Rica	5	20	18	5	5	8	19	28	−9
32	Escócia	8	19	23	4	7	12	25	41	−16
33	Camarões	7	19	23	4	7	12	18	43	−25
34	Peru	5	18	18	5	3	10	21	33	−12
35	Bulgária	7	17	26	3	8	15	22	53	−31
36	Turquia	2	16	10	5	1	4	20	17	+3
37	Gana	3	15	12	4	3	5	13	16	−3
38	Irlanda	3	14	13	2	8	3	10	10	0
39	Irlanda do Norte	3	14	13	3	5	5	13	23	−10
40	Equador	3	13	10	4	1	5	10	11	−1

CJ (copas jogadas)
Pts. (pontos)
PJ (partidas jogadas)
V (vitórias)
E (empates)
D (derrotas)
GF (gols a favor)
GS (gols sofridos)
SG (saldo de gols)

Alemanha: inclui as participações da seleção da Alemanha Ocidental
Rússia: inclui as participações da seleção da União Soviética
Sérvia: inclui as participações da seleção da Iugoslávia e da Sérvia e Montenegro

DADOS MUNDIAIS

Pos.	Seleção	CJ	Pts.	PJ	V	E	D	GF	GS	SG
41	Senegal	2	12	8	3	3	2	11	10	+1
42	Argélia	4	12	13	3	3	7	13	19	−6
43	Marrocos	5	11	16	2	5	9	14	22	−8
44	Arábia Saudita	5	11	16	3	2	11	11	39	−28
45	Costa do Marfim	3	10	9	3	1	5	13	14	−1
46	África do Sul	3	10	9	2	4	3	11	16	−5
47	Tunísia	5	10	15	2	4	9	13	25	−12
48	Irã	5	10	15	2	4	9	9	24	−15
49	Austrália	5	10	16	2	4	10	13	31	−18
50	Noruega	3	9	8	2	3	3	7	8	−1
51	Alemanha Oriental	1	8	6	2	2	2	5	5	0
52	Grécia	3	8	10	2	2	6	5	20	−15
53	Ucrânia	1	7	5	2	1	2	5	7	−2
54	País de Gales	1	6	5	1	3	1	4	4	0
55	Eslováquia	1	4	4	1	1	2	5	7	−2
56	Eslovênia	2	4	6	1	1	4	5	10	−5
57	Cuba	1	4	3	1	1	1	5	12	−7
58	Coreia do Norte	2	4	7	1	1	5	6	21	−15
59	Bósnia e Herzegovina	1	3	3	1	0	2	4	4	0
60	Jamaica	1	3	3	1	0	2	3	9	−6
61	Nova Zelândia	2	3	6	0	3	3	4	14	−10
62	Honduras	3	3	9	0	3	6	3	14	−11
63	Angola	1	2	3	0	2	1	1	2	−1
64	Israel	1	2	3	0	2	1	1	3	−2
65	Egito	3	2	7	0	2	5	5	12	−7
66	Islândia	1	1	3	0	1	2	2	5	−3
67	Kuwait	1	1	3	0	1	2	0	4	−4
68	Trinidad e Tobago	1	1	3	0	1	2	0	4	−4
69	Bolívia	3	1	6	0	1	5	1	20	−19
70	Iraque	1	0	3	0	0	3	1	4	−3
71	Togo	1	0	3	0	0	3	1	6	−5
72	Canadá	1	0	3	0	0	3	0	5	−5
73	Indonésia	1	0	1	0	0	1	0	6	−6
74	Emirados Árabes Unidos	1	0	3	0	0	3	2	11	−9
75	Panamá	1	0	3	0	0	3	2	11	−9
76	China	1	0	3	0	0	3	0	9	−9
77	Haiti	1	0	3	0	0	3	2	14	−12
78	R. Dem. do Congo	1	0	3	0	0	3	0	14	−14
79	El Salvador	2	0	6	0	0	6	1	22	−21

República Tcheca: inclui as participações da seleção da Tchecoslováquia
Indonésia: inclui a participação da seleção das Índias Orientais Holandesas
R. Dem. do Congo: inclui a participação da seleção do Zaire

CONTINENTES DO FUTEBOL

Quando Argentina, Uruguai, Chile e Brasil se reuniram em Buenos Aires, em 1916, para disputar um quadrangular que comemorava o centenário da independência argentina, além de dar início ao primeiro Campeonato Sul-Americano acabaram por fundar a Confederação Sul-Americana de Futebol. Pioneira no mundo, hoje é conhecida também por seu acrônimo Conmebol.

Aqueles antigos campeonatos sul-americanos premiavam o vencedor com um belo troféu de prata: era a Copa América, que, mais de um século depois, segue vigente.

Faltavam quase quatro décadas para que fosse criada a próxima confederação, a da Ásia (AFC), em maio de 1954, e, no mês seguinte, a da Europa (UEFA). Seguiram-se a elas a Confederação Africana (CAF), em 1957, e, em 1963, a Concacaf, que reúne o futebol norte-americano, centro-americano e caribenho. Por último, foi fundada em 1973 a confederação da Oceania (OFC).

Cada confederação tratou de elaborar o próprio torneio continental de seleções. O primeiro foi o da Copa da Ásia que, no ano de 1956, teve como seu primeiro vencedor a Coreia do Sul, em um quadrangular final em que competiram Hong Kong, Israel e Vietnã do Sul. No ano seguinte, o Egito levantou pela primeira vez a Copa Africana de Nações em uma decisão contra Sudão e Etiópia. Os "faraós" dominam o histórico da competição, com sete conquistas.

Na esteira do êxito de sua Copa dos Campeões (com a sequência de títulos do Real Madrid), a UEFA lançou o Campeonato Europeu de Nações, conhecido como Eurocopa. Em 1958, começaram as fases preliminares e, em 1960, os semifinalistas se encontraram na França: a União Soviética derrotou a Tchecoslováquia na semifinal e a Iugoslávia na final. Nenhum desses três países existe mais. O anfitrião ficou em quarto lugar.

UEFA	CONMEBOL	Concacaf
55 Federações	10 Federações	41 Federações

CONTINENTES DO FUTEBOL

Em 1963, a Concacaf organizou seu primeiro campeonato, uma fusão dos que já vinham sendo realizados: o da Confederação Centro-Americana e do Caribe (1941 a 1961) e o da North American Football Confederation (1947 e 1949). No novo certame, triunfou a seleção da Costa Rica, que venceu El Salvador, as Antilhas Holandesas e Honduras. Deixada para trás e driblando as dificuldades geográficas, a OFC Nations Cup teve início em 1973. Em sua edição inaugural, a Nova Zelândia saiu vitoriosa sobre Taiti, Nova Caledônia, Novas Hébridas (hoje Vanuatu) e Fiji.

Todas estão em atividade: seis confederações que superam os "cinco continentes" que proclamam os manuais escolares de geografia e os cinco anéis do movimento olímpico. A divisão, no entanto, não se ajusta estritamente aos mapas. Alguns países de certo continente competem em outro, mais afim a suas tradições e cultura e menos hostil às suas convicções políticas ou religiosas. Aqui estão todos os seus membros: os que possuem história em Copas do Mundo, os que aspiram a tê-la e ainda os mais modestos, que sonham em sentar-se alguma vez à mesa.

OFC — 14 Federações

AFC — 47 Federações

CAF — 54 Federações

UEFA
Europa

União das Federações Europeias de Futebol
Union of European Football Associations

A velha Europa de reis, czares e imperadores deixou como legado as cores das casas reais nas camisas das seleções. Ainda que um século de mudanças políticas e guerras tenha modificado as fronteiras e as bandeiras dos países, várias equipes conservam até hoje aquelas cores originais.

A Segunda Guerra Mundial havia configurado um mapa estável do futebol europeu até a queda do Muro de Berlim, a dissolução da União Soviética e a Guerra dos Bálcãs forjarem, a partir dos anos 1990, dezenas de novas seleções orgulhosas de competir com suas cores nacionais. A Alemanha voltou a ser uma só, a União Soviética partiu-se em 15 seleções (onze delas estão na UEFA e quatro, na Ásia) e a velha Iugoslávia terminou dividida em sete.

Pequenos Estados como San Marino, Andorra, Liechtenstein e as Ilhas Faroe também entraram na competição. Eram os párias do estilo: as marcas os vestiam com camisas genéricas sobre as quais bordavam apenas o escudo da federação.

Esse cenário foi alterado pela última vez em 2016, com a inclusão de Gibraltar e Kosovo, para chegar assim a 55 membros. Aos grandes patrocinadores como Adidas, Puma e Umbro foram somados a Nike e, mais tarde, uma crescente presença de empresas como Macron e Joma, que forneceram um design personalizado às federações menos valorizadas pelos gigantes da indústria.

CONTINENTES DO FUTEBOL | UEFA Europa

Albânia
2016
Disputou a Eurocopa pela primeira vez

Alemanha
1928

Alemanha
1996
Campeã da Eurocopa

Andorra
2008

Armênia
2010

Áustria
2021

Azerbaijão
2021

Bélgica
1984

Bielorrússia
2019

Bósnia e Herzegovina
2019

Bulgária
2021

Cazaquistão
2016

Chipre
2021

Croácia
1990
Pouco antes de tornar-se independente da antiga Iugoslávia

Dinamarca
1992
Campeã da Eurocopa

Escócia
2021

Eslováquia
2018

Eslovênia
2021

Espanha
1941
Azul; o ditador Francisco Franco suprimiu o modelo vermelho

Espanha
1964
Campeã da Copa Europeia de Nações

Espanha
2012
Campeã da Eurocopa

Estônia
2021

Finlândia
2021

França
1973

CONTINENTES DO FUTEBOL | UEFA Europa

França
1984
Campeã da Copa Europeia de Nações

França
2000
Campeã da Eurocopa

Geórgia
2021

Gibraltar
2020

Grécia
2004
Campeã da Eurocopa

Holanda
1988
Campeã da Eurocopa

Holanda
2016

Hungria
2021

Ilhas Faroe
2021

Inglaterra
1977

Inglaterra
2001

Inglaterra
2020

Irlanda do Norte
1976

Irlanda
1976

Islândia
2020

Israel
1964
Campeã da Copa Asiática

Itália
2021
Campeã da Eurocopa

Kosovo
2020

Letônia
2004
Estreia na Eurocopa

Liechtenstein
2019

Lituânia
2021

Luxemburgo
2021

Macedônia do Norte
2016-2021

Malta
1976

CONTINENTES DO FUTEBOL | UEFA Europa

Moldávia 2021	 Montenegro 2015	 Noruega 1957	 País de Gales 2020
 Polônia 1937	 Polônia 1988	 Portugal 1946	 Portugal 2016 Campeão da Eurocopa
 República Tcheca 2015	 Romênia 1953	 Romênia 2018	 Rússia 2011

San Marino
2020

Sérvia
2015

Suécia
1998

Suíça
1979

Turquia
1984

Ucrânia
2016

Na Europa, ao mesmo tempo clássica e moderna, o traje das seleções reflete certo apego à tradição. Ainda assim, as marcas se esforçam para surpreender e inovar. Muitas tentativas passam batidas, mas, em 1988, a Adidas elaborou um modelo que se tornaria icônico no peito de Gulit e Van Basten: aquela camisa laranja da Holanda não participou de nenhuma Copa, mas está no topo do ranking das mais famosas.

Em diversas variações de cores, foi usada pela URSS, Alemanha Oriental, Estados Unidos, Marrocos, Iraque e até pela Argentina. A versão laranja foi um sucesso absoluto; as outras mal são lembradas.

CONTINENTES DO FUTEBOL | UEFA Europa

A UEFA foi fundada na Basileia, na Suíça, em 1954, embora já existissem torneios internacionais de grande prestígio e tradição em diferentes locais da Europa. Alguns deles seguiram acontecendo mesmo depois da Eurocopa, de grande convocatória.

O pioneiro foi o British Home Championship, que desde 1884 foi disputado entre Inglaterra, Escócia, País de Gales e Irlanda, esta última ainda sem a divisão entre o norte protestante e o sul católico. Tanta importância era destinada ao torneio próprio que foi somente em 1950 que os países decidiram inscrever-se para jogar a Copa do Mundo.

Entre 1927 e 1960, foi realizada a Copa Internacional Europeia entre Áustria, Itália, Hungria, Tchecoslováquia e Suíça. Na última edição, foi adicionada a Iugoslávia, justamente quando se rebatizou o troféu como Dr. Gerö, em homenagem ao presidente da federação austríaca que havia falecido em 1954. Antes de que Hitler espalhasse a morte pela Europa, esse era o torneio de maior prestígio.

Aqueles "anos loucos" da década de 1920 viram florescer várias competições. Em 1924, Dinamarca, Suécia e Noruega deram início ao Campeonato Nórdico, ao qual se juntou em seguida a Finlândia. Entre 1926 e 1935, Armênia, Geórgia e Azerbaijão jogaram o Campeonato Transcaucásio: entre 1922 e 1936, as três nações faziam parte da chamada República Federal Socialista Soviética Transcaucásia. Em 1928, Lituânia, Letônia e Estônia começaram a disputar a Copa do Báltico e, no ano seguinte, teve início a disputa da Copa dos Bálcãs, com Iugoslávia, Romênia, Bulgária, Grécia e Turquia. Depois da Segunda Guerra Mundial, o torneio foi ampliado para "Bálcãs e Europa Central"; somaram-se ao grupo Albânia, Hungria, Tchecoslováquia e Polônia e saíram os gregos e os turcos, de forma que se tornou praticamente uma "Copa Socialista", projeto abandonado em 1948.

Além desses torneios, havia uma grande quantidade de copas que se disputavam periodicamente entre duas seleções, como o Derby der Lage Landem (Bélgica e Holanda), o Clássico Ibérico (Espanha e Portugal) e o K.u.k. Derby (Áustria e Hungria), para citar só alguns exemplos.

Com a UEFA já agrupando a todos, a competição foi organizada com calendários sempre antecipados para que não coincidissem com as eliminatórias das Copas, das Eurocopas e para que houvesse espaço para partidas amistosas. A grande solução chegou na década passada com a Liga das Nações (Nations League), que divide os países em quatro níveis e oferece rodagem frente a adversários de poderio semelhante. No entanto, na UEFA há partidas "impossíveis". Diferentes conflitos políticos fazem com que sigam proibidos alguns confrontos diretos. Assim, neste momento é inviável que belas camisas como as de Sérvia e Kosovo, de Espanha e Gibraltar, de Rússia e Ucrânia se enfrentem em um campo de futebol.

CONMEBOL
América do Sul

Confederação Sul-Americana de Futebol
Confederación Sudamericana de Fútbol

– CONMEBOL –

Aquele Campeonato Sul-Americano de 1916 foi o primeiro torneio continental do mundo. O futebol ainda estava se organizando na região e apenas quatro seleções animaram aquele torneio no estádio do Gimnasia y Esgrima de Buenos Aires: os rivais rio-platenses, os chilenos e os brasileiros.

A Argentina já vestia celeste e branco desde 1911 e os uruguaios haviam adotado o celeste em 1910. O Chile trajava uma camisa inteiramente branca e, ainda que em 1920 tenha jogado pela primeira vez com *la roja* e em 1928 tenha experimentado uma celeste, por mais algumas décadas seguiria entrando em campo com o uniforme alvo. Essa era também a cor do uniforme brasileiro, que seria abandonada depois do *Maracanazo* de 1950. Em 1954, o Brasil passou a vestir para sempre a canarinho, quase um símbolo nacional, uma das camisas mais conhecidas do mundo. Nas primeiras décadas do século XX, o verde e o amarelo tinham estado presentes em detalhes de listras verticais ou horizontais que alteravam o branco predominante. As demais seleções sul-americanas escolheram as cores de suas bandeiras, como o Peru e o Equador. A Colômbia também, depois de experimentar combinações em que predominavam o branco e até mesmo o laranja. Outros não adotaram todas as cores, apenas algumas delas: desde sua estreia, em 1919, o Paraguai foi a *albirroja* e a Bolívia, que começou vestindo-se de branco em 1926, chegou a apresentar listras brancas e pretas até que optou pelo verde no final dos anos 1950.

O caso da Venezuela é diferente, com sua particular cor *vinotinto*, usada desde 1938: a versão mais aceita conta que se origina da cor dos casacos da Guarda Nacional venezuelana.

CONTINENTES DO FUTEBOL | CONMEBOL América do Sul

Argentina
1928
Camisa de seda com o escudo nacional, a pedido do presidente, para enfrentar o Barcelona FC

Argentina
1937
Primeira vez que utiliza o escudo da AFA em um torneio sul-americano (contra o Brasil)

Argentina
1991
Campeã da Copa América

Argentina
2021
Campeã da Copa América

Bolívia
1946
Campeonato Sul-Americano

Bolívia
1963
Campeã Sul-Americana

Bolívia
1993
Eliminatórias para a Copa do Mundo dos EUA em 1994

Brasil
1916

Brasil
1917

Brasil
2020

Chile
1945

Chile
1973
Repescagem para a Copa do Mundo de 1974

191

Chile
2015
Campeão da Copa América

Colômbia
1945

Colômbia
1973

Colômbia
2001
Campeã da Copa América

Equador
1941

Equador
1955

Equador
2000-2001
Eliminatórias para a Copa do Mundo de 2002

Paraguai
1953
Campeão Sul-Americano

Paraguai
1979
Campeão da Copa América

Paraguai
Medalha de Prata nos Jogos Olímpicos de Atenas 2004

Peru
1935

Peru
1936
Jogos Olímpicos de Berlim, primeira vez com o design atual

CONTINENTES DO FUTEBOL | **CONMEBOL** América do Sul

Peru
2020

Uruguai
1935
Campeão Sul-Americano

Uruguai
1981
Campeão do *Mundialito* organizado pela AUF para comemorar os 50 anos das Copas do Mundo

Uruguai
1995
Campeão da Copa América

Venezuela
1967
Primeira participação em um Sul-Americano

Venezuela
1985

Venezuela
2016
Vice-campeã do Mundial sub-20, seu melhor resultado internacional

Sobre a celeste e branca, não é preciso dizer mais nada. Eis a camisa argentina. Como será visto no capítulo dedicado às pioneiras, nem sempre foi assim. Primeiro vieram as camisas inteiramente em azul-celeste, depois as brancas, até que em 1908 o Conselho Diretor da AFA autorizou a compra de um conjunto de uniformes com listras azuis e brancas. A indumentária foi usada pela primeira vez em uma excursão vitoriosa pelo Brasil, até que, em 29 de outubro de 1911, estreou a celeste e branca em Montevidéu, com uma derrota de 3 × 0 pela Copa de Honor. Essas informações foram obtidas graças ao trabalho de pesquisadores como Osvaldo Gorgazzi, Oscar Barnade e Pablo Kersevan.

CONCACAF
América do Norte, América Central e Caribe

Confederação de Futebol da América do Norte, América Central e Caribe
Confederación de Fútbol de Norteamérica, Centroamérica y el Caribe
Confederation of North, Central American and Caribbean Association Football

Das neves canadenses ao azul turquesa do mar caribenho, a Concacaf reúne 41 confederações, das quais 35 são também membros da FIFA. As Américas Central e do Norte tiveram participações em Copas do Mundo desde 1930, com os dois gigantes da região: México e Estados Unidos. Além disso, os países hispânicos carregam uma longa tradição futebolística que se refletiu na presença de El Salvador, Honduras, Costa Rica e Panamá no Mundial. Em 1938, Cuba teve sua única participação, enquanto Guatemala, Nicarágua, República Dominicana e Porto Rico seguem no caminho do crescimento.

Haiti, Jamaica e Trinidad e Tobago também escreveram páginas caribenhas na história dos Mundiais. O processo de descolonização que teve lugar nas ilhas gerou seleções com reconhecimento oficial, como Barbados, Granada, São Vicente e Granadinas, entre outras. Essas equipes, mesmo que com um nível competitivo mais baixo, trazem em suas camisas uma explosão de cores e estilos ousados, produzidas em sua maioria por marcas locais ou norte-americanas: Capelli, Locust, Score, +One, Forward, Bol, Lika, Prostar, Skyros, Stimulus...

Em 1986, a Aruba havia se separado das Antilhas Holandesas, porém, quando essas se dissolveram, no ano de 2010, adicionaram novas seleções à competição: Curaçau, Bonaire e São Martinho.

Os territórios ultramarinos franceses também jogam com suas cores: Guadalupe, Martinica, Saint-Martin e Guiana Francesa fazem parte da Concacaf. Essa última, tal como o Suriname e a Guiana, se encontra na América do Sul, mas os seus laços esportivos sempre se relacionaram com o Caribe.

CONTINENTES DO FUTEBOL | CONCACAF América do Norte, América Central e Caribe

Anguila
2021

Antígua e Barbuda
2019

Aruba
2021

Bahamas
2021

Barbados
2021

Belize
2007

Bermudas
2021

Bonaire
2018

Canadá
2000
Campeão da Copa Ouro

Canadá
2022

Costa Rica
1963
Campeã da Concacaf

Costa Rica
2021

Cuba 1989	**Cuba** 2021	**Curaçau** 2015	**Dominica** 2018
El Salvador 1954	**El Salvador** 1969 Utilizada na partida que desatou "a guerra do futebol" contra Honduras	**El Salvador** 2011	**Estados Unidos** 1978
Estados Unidos 1991 Campeão da Copa Ouro	**Estados Unidos** 2017 Campeão da Copa Ouro	**Granada** 2008	**Guadalupe** 2012

CONTINENTES DO FUTEBOL | CONCACAF América do Norte, América Central e Caribe

Guatemala
1967
Campeã da Concacaf

Guatemala
2021

Guiana Francesa
2016

Guiana
2016

Haiti
2021

Honduras
1969
Utilizada na partida que desatou a "guerra do futebol" contra El Salvador

Honduras
2013

Ilhas Cayman
2021

Ilhas Turcas e Caicos
2019

Ilhas Virgens Americanas
2019

Ilhas Virgens Britânicas
2016

Jamaica
1979

Jamaica 1991	**Martinica** 2012	**México** 1977 Campeão da Concacaf	**México** 2015 Campeão da Copa Ouro
México 2021	**Montserrat** 2021	**Nicarágua** 1966	**Nicarágua** 2019
Panamá 1976	**Panamá** 2021	**Porto Rico** 1979 Jogos Pan-Americanos de San Juan	**Porto Rico** 2021

CONTINENTES DO FUTEBOL | CONCACAF América do Norte, América Central e Caribe

República Dominicana
1986

República Dominicana
2020

Saint-Martin
2019

Santa Lúcia
2012

São Cristóvão e Neves
2017

São Martinho
2019

São Vicente e Granadinas
2021

Suriname
1977
Eliminatórias para a Copa do Mundo de 1978

Suriname
2010

Trinidad e Tobago
1989

Trinidad e Tobago
2000

CAF
África

Confederação Africana de Futebol
Confédération Africaine de Football

O continente africano comporta identidades diversas, que também se refletem nas camisas de suas seleções. Na costa do Mediterrâneo, predominam as cores árabes para Marrocos, Argélia, Tunísia, Líbia e Egito, além do Sudão, descendo o Nilo. Ao sul do Saara, no entanto, brilham o verde, o vermelho e o amarelo das cores panafricanas em diversos uniformes.

O processo de descolonização desenrolou-se entre 1950 e 1975. Agitações políticas, levantes, guerras como as da Argélia e de Angola, mas também mudanças pacíficas levaram ao surgimento de novas nações. Hoje, a Confederação Africana de Futebol agrupa 54 membros plenos, além de Zanzibar e Reunião, que não estão filiados à FIFA. Em sua maioria, as federações do continente se identificam com os animais de selvas, savanas e desertos. Leões, elefantes, leopardos, crocodilos, águias, zebras, panteras e até uma girafa surgem nos apelidos, nos escudos e nas camisas africanas, sempre tão originais.

No sul, o passado colonial deixou como legado o infame *apartheid*, o regime de segregação racial imposto pela África do Sul em 1948 e que se estendeu à África do Sudoeste (hoje Namíbia) e à Rodésia (hoje Zimbábue). A África do Sul continha diferentes federações, mas a South African Football Association (SAFA) só admitia jogadores brancos. As demais entidades se uniram, em 1951, para dar forma à South African Soccer Federation (SASF). Em 1955, a FIFA rejeitou a solicitação da SASF porque não havia jogadores brancos. No ano seguinte, aceitou o argumento da SAFA de que a segregação era "tradição e costume" na África do Sul. Sem discussão. Em 1990, a África do Sul libertou Nelson Mandela e, dois anos depois, a FIFA admitiu a SASF. Em 1996, venceu a Copa Africana e, já como protagonista do futebol continental, organizou a Copa do Mundo de 2010.

CONTINENTES DO FUTEBOL | CAF África

África do Sul
1977
Uma das primeiras camisas vestida por negros e brancos, ainda durante o *apartheid*

África do Sul
1996
Campeão da Copa Africana de Nações

Angola
2021

Argélia
1972

Argélia
2019
Campeã da Copa Africana de Nações

Benim
2014

Botsuana
2019

Burkina Faso
2021

Burundi
2018

Cabo Verde
2021

Camarões
1970

Camarões
2017
Campeão da Copa Africana de Nações

Camarões
2022

Chade
2011

Comores
2017

Congo
1972
Campeã da Copa
Africana de Nações

Congo
2020

Costa do Marfim
1972

Costa do Marfim
1992
Campeã da Copa
Africana de Nações

Costa do Marfim
2001

Djibuti
2000

Egito
1957
Campeã da Copa
Africana de Nações

Egito
1986
Campeã da Copa
Africana de Nações

Egito
1998
Campeã da Copa
Africana de Nações

CONTINENTES DO FUTEBOL | CAF África

Eritreia 2015	Essuatíni 2021	Etiópia 2017	Gabão 2020
Gâmbia 2022	Gana 1965 Campeã da Copa Africana de Nações	Gana 1984	Gana 2021
Guiné-Bissau 1989	Guiné Equatorial 2022	Guiné 2012	Lesoto 2016

Libéria 1997	Líbia 2000	Líbia 2021	Madagascar 2020
Maláui 1984	Mali 1970	Mali 2022	Marrocos 1972
Marrocos 2016	Maurício 2011	Mauritânia 2022	Moçambique 2020

CONTINENTES DO FUTEBOL | CAF África

Namíbia
2021

Níger
2015

Nigéria
1980
Campeã da Copa
Africana de Nações

Nigéria
1993
Campeã do Mundo na
categoria sub-17

Nigéria
2021

Quênia
2004

Quênia
2021

**República Centro-
-Africana**
2020

**República Democrática
do Congo**
1968
Campeã da Copa
Africana de Nações

**República Democrática
do Congo**
2014

Reunião
2011

Ruanda
2000

Ruanda
2021

São Tomé e Príncipe
2012

Senegal
2001
Classificação para a
Copa do Mundo de 2002

Senegal
2017

Senegal
2022
Campeão da Copa
Africana de Nações

Seicheles
2021

Serra Leoa
2010

Somália
2014

Sudão
1970
Campeão da Copa
Africana de Nações

Sudão
2021

Sudão do Sul
2019

Tanzânia
2021

CONTINENTES DO FUTEBOL | CAF África

Togo
2021

Tunísia
2004
Campeã da Copa
Africana de Nações

Tunísia
2011

Uganda
2019

Zâmbia
2012
Campeã da Copa
Africana de Nações

Zanzibar
2017

Zimbábue
2021

A instabilidade política provocou modificações nas bandeiras de vários países, de modo que as seleções adotaram camisas ambientadas aos novos ares. Na Líbia, Muammar Kadhafi havia decidido por uma flâmula inteiramente verde, e essa foi a cor escolhida pelo selecionado nacional. Em 2011, quando Kadhafi foi vencido e executado, também foram apagados todos os seus símbolos de poder: a seleção jogou de preto por um período, até adotar o vermelho atual. O mesmo aconteceu com o Zaire (então verde e amarelo): tornou-se a República Democrática do Congo (celeste e vermelho). No caso de Ruanda, após o genocídio de 1994 as cores foram renovadas em prol da reconciliação, já no ano de 2001.

AFC Ásia

Confederação Asiática de Futebol
Asian Football Confederation

O continente asiático abarca desde o Mediterrâneo até o Pacífico, em uma vastidão que compreende culturas diversas como as do Oriente Médio, a hindu, a dos países remanescentes da União Soviética, a do pujante sudeste e as culturas milenárias da China e do Japão. Mundos diferentes com formas distintas de viver o futebol e de vestir-se para ele. As cores pan-árabes (verde, branco, vermelho, preto) predominam no oeste do continente. Irã, Kuwait, Iraque, Emirados Árabes Unidos e Arábia Saudita já saborearam a festa da Copa do Mundo, mas Líbano, Síria, Omã e Palestina não desistem: continuam tentando. O Catar, com todo seu poder econômico, decidiu organizar uma festa para a qual nunca tinha sido convidado.

O Futebolistão é o território das seleções com menos projeção. Uzbequistão, Tajiquistão, Quirguistão e Turcomenistão mesclam as cores do passado soviético com as do islã, também evocadas por Paquistão e Afeganistão. Estão, de fato, distantes das luzes do futebol mundial. O mesmo acontece com os hindus, ainda que se sobressaiam as ousadas combinações cromáticas das camisas de Índia, Bangladesh, Butão ou Sri Lanka.

Os tigres do sudeste asiático vivem uma paixão avassaladora pelo futebol mesmo longe dos bons resultados. Passaram-se mais de oitenta anos da única participação da Indonésia na Copa do Mundo, quando ainda se chamava Índias Orientais Holandesas. No distante Oriente, o Japão e a Coreia do Sul carregam consigo todo o protagonismo, eclipsando os países restantes.

A Confederação Asiática de Futebol conta com 47 membros. Ainda que Israel e Cazaquistão tenham se incorporado à UEFA, a Austrália elevou o nível e, em 2006, passou da Oceania à Ásia, agregando maior competitividade. Por último, cabe dizer que as Ilhas Marianas Setentrionais não estão filiadas à FIFA, mas sim à AFC.

CONTINENTES DO FUTEBOL | AFC Ásia

Afeganistão
2016

Arábia Saudita
1972

Arábia Saudita
1996
Campeã da Copa Asiática

Austrália
1949

Austrália
2000
Campeã da Copa
das Nações da OFC
(competição da Oceania)

Bangladesh
2021

Bahrein
2019

Brunei
2019

Butão
2002

Camboja
2021

Catar
2000

Catar
2019
Campeão da Copa
Asiática

China 1979	**China** 2019	**Coreia do Norte** 2005	**Coreia do Sul** 1956 Campeã da Copa Asiática
Coreia do Sul 1997	**Coreia do Sul** 2021	**Emirados Árabes Unidos** 2019	**Filipinas** 2014
Guam 2015	**Hong Kong** 2015	**Iêmen** 2003	**Iêmen** 2021

CONTINENTES DO FUTEBOL | AFC Ásia

Ilhas Marianas Setentrionais
2016

Índia
1997

Índia
2019

Indonésia
1980

Irã
1972
Campeão da Copa Asiática

Irã
2022

Iraque
1985

Iraque
2021

Japão
1971

Japão
1992
Campeão da Copa Asiática

Jordânia
2021

Kuwait
1980
Campeão da Copa Asiática

Laos 2021	Líbano 1966	Macau 2009	Malásia 1997
Maldivas 2021	Mongólia 2018	Myanmar 2017	Nepal 2019
Omã 2019	Palestina 2003	Paquistão 2018	Quirguistão 2019

CONTINENTES DO FUTEBOL | AFC Ásia

Singapura 2004	Síria 2021	Sri Lanka 2021	Tailândia 2019
Taiwan 2015	Tajiquistão 2021	Timor Oriental 2017	
Turcomenistão 2020	Uzbequistão 2019	Vietnã 2020	

OFC Oceania

Confederação de Futebol da Oceania
Oceania Football Confederation

Com a saída da poderosa Austrália, a Nova Zelândia assumiu o protagonismo do futebol da Oceania. Possui os melhores contratos, conta com design feito pela Nike e um apelido que a define: são os All Whites, por sua indumentária completamente branca em contraposição aos All Blacks, a famosa seleção de rúgbi neozelandesa. Claro, em diversas ilhas do Pacífico a bola ovalada alcança mais partidários que a redonda, como ocorre em Fiji, Samoa e Tonga.

Os franceses foram mais intensos ao contagiar os arquipélagos que colonizaram com o gosto pelo futebol. Hoje, essas ilhas são Vanuatu, Nova Caledônia e Taiti.

As distâncias e a imensidão do oceano fazem com que as competições sejam escassas. A Copa das Nações da OFC era disputada de modo intermitente, quando possível, até que terminou se integrando à fase preliminar das eliminatórias da Copa do Mundo. O isolamento geográfico também se reflete no reduzido interesse que essas seleções representam para as grandes marcas. No início da década de 2010, a italiana Lotto decidiu vestir todas as seleções da Oceania com um design repetidamente cansativo, que só se destacava pela rica variedade de cores que identificam esses países. Os contratos não são generosos e duram pouco; a cada torneio, as seleções aparecem com novas camisas.

Hoje, a OFC conta com 13 integrantes, 11 dos quais também estão filiados à FIFA, além de Tuvalu e Kiribati.

OS CONTINENTES | OFC Oceania

Fiji
2002

Ilhas Cook
2018

Ilhas Salomão
2019

Kiribati
2011

Nova Caledônia
2022

Nova Zelândia
2002
Campeã da Copa das Nações da OFC

Nova Zelândia
2008
Campeã da Copa das Nações da OFC

Papua Nova Guiné
2022

Samoa
2018

Samoa Americana
2019

Taiti
2012
Campeão da Copa das Nações da OFC

Tonga
2019

Tuvalu
2011

Vanuatu
2019

Se há um país que representa a Oceania, trata-se da Austrália. Dominadora absoluta da região, a seleção conhecida como *Socceroos* (por *soccer-kangaroos*, ou seja, cangurus jogadores de futebol) só encontrava um rival à altura quando enfrentava a Nova Zelândia. Era muito pouco para entusiasmar os patrocinadores. Além disso, a Oceania ainda não tinha vaga garantida na Copa do Mundo: até 1982, disputavam a eliminatória na zona asiática. Desde então, tiveram sua própria zona, mas o ganhador deve superar ainda uma repescagem intercontinental. O vencedor costumava ser a Austrália, mas depois costumava esbarrar no mata-mata. Em 1985, foi vencida pela Escócia; em 1993, perdeu para a Argentina; em 1997, caiu para o Irã e, em 2001, contra o Uruguai. Na eliminatória seguinte, classificou-se para a Copa do Mundo da Alemanha ao superar os uruguaios nos pênaltis, mas já não queria sofrer mais. No ano de 2006, a Football Australia abandonou a confederação da Oceania e se filiou à Ásia. A competição é mais dura, sim, mas a seleção conseguiu seu lugar nas Copas da África do Sul, do Brasil e da Rússia, sem passar pelas traumáticas repescagens.

FIFA

A Federação Internacional de Futebol (FIFA) foi fundada em Paris no dia 21 de maio de 1904 por representantes de França, Bélgica, Dinamarca, Suíça e Holanda. O francês Robert Guérin foi eleito presidente e, no ano seguinte, somaram-se Inglaterra e Itália. Em 1906, a presidência passou às mãos do inglês Daniel Burley Woolfall.

Em 1912, a Argentina foi o primeiro país não europeu a se filiar à FIFA. Depois da Primeira Guerra Mundial, a federação contava com 24 membros e, em 1923, chegou à presidência uma figura essencial: o francês Jules Rimet. Sob o mandato do idealizador da Copa do Mundo, que durou trinta e três anos, o futebol se expandiu enormemente. Quando, em 1954, o belga Rodolphe Seeldrayers assumiu seu lugar, Rimet tinha deixado como legado uma entidade com 83 países filiados. Seeldrayers faleceu no ano seguinte e foi sucedido pelo inglês Arthur Drewry, que, em 1961, passou o cargo ao seu compatriota Stanley Rous. Mesmo austero e conservador, Rous deu espaço à publicidade, que se multiplicava graças à televisão. Com a pecha de "pró-europeu", negava-se a ampliar as vagas na Copa para outros continentes. Seu apoio à África do Sul do *apartheid* fez com que o continente africano o rejeitasse. Em 1974, aparece um competidor ambicioso, voraz, disposto a negociar com deus e o diabo. O brasileiro João Havelange chegou com enorme força e assumiu uma FIFA que agrupava então 142 nações.

Estrategista paciente, garantiu sua influência em aliados como Adidas e Coca-Cola. João Havelange fez a Copa do Mundo crescer, impulsionou os mundiais de categorias de base e multiplicou as transmissões televisivas. Em suma, converteu a FIFA em uma verdadeira multinacional global. Agora o lema era "conquistar novos mercados". Os investimentos se multiplicaram e a corrupção também.

Depois de vinte e quatro anos, durante os quais tratou com presidentes, monarcas e ditadores, em 1998 Havelange foi sucedido pelo seu fiel secretário geral, o suíço Joseph Blatter, que recebeu uma FIFA com 203 países filiados, muito mais do que os das Nações Unidas. Por trás de seu carisma, abafou inúmeros episódios de corrupção, como os subornos para escolher as sedes das Copas do Mundo em votações escandalosas que prejudicaram também os Estados Unidos. O FBI investigou e, após uma grande operação em Zurique, conseguiu levar aos tribunais os mais importantes dirigentes do futebol. O mundo conheceu esse escândalo como FIFAgate. Os homens que passaram mais tempo na prisão foram, curiosamente, os dirigentes latino-americanos.

Após a suspensão de Blatter, o camaronês Issa Hayatou assumiu como presidente interino até que, em fevereiro de 2016, o suíço Gianni Infantino venceu as eleições com a promessa de tornar a gestão transparente e implementar o *fair play* financeiro. Em 2018, criou a Fundação FIFA, entidade independente com fins beneficentes. Novas suspeitas de lavagem de dinheiro surgiram em pouco tempo.

Em seus 118 anos de história, a FIFA teve apenas nove presidentes. Hoje, reúne 211 países.

Inesquecíveis
Para guardar na memória

Se existe algo que se modificou na história da humanidade foram os mapas, as fronteiras e o exercício da soberania; mesmo hoje ainda se produzem movimentos de alto impacto na formatação global. O futebol acompanhou o processo histórico da geografia política: cada invasão, movimento de libertação, declaração de independência, troca de regime e qualquer outro fato que modificasse nomes ou fronteiras também deixou para trás alguma seleção de futebol. As camisas dos dois Vietnãs, dos países desmembrados do bloco socialista, das antigas colônias ultramarinas ou dos instáveis países nascidos na África e na Ásia na segunda metade do século XX – todas guardam a memória e as marcas estéticas e ideológicas desses estados dissolvidos ou renomeados. Mais uma vez, o futebol fez história.

O isolamento organizado pelo futebol internacional pressionou ainda mais o *apartheid*. No final dos anos 1960, a Rodésia formou uma seleção multirracial e, em meados dos anos 1970, tanto a África do Sul como o Sudoeste Africano deram início à integração. Os próprios jogadores lutaram por esse objetivo. A foto desta página mostra Bethuel Ace Tijera e Hasso Ahrens em um jogo entre as seleções "negra" e "branca" do Sudoeste Africano, combinado que abriu esse caminho em 1975. A imagem foi cedida pela família de Ahrens, destaque da equipe branca, cuja filha contribuiu com dados valiosos para esta seção.

Inesquecíveis

Alemanha Oriental
(Parte da Alemanha)
1953

Alemanha Oriental
(Parte da Alemanha)
1990
Última camisa

Alto Volta
(Burkina Faso)
1967

Antilhas Holandesas
(Aruba, Bonaire, Curaçau, Saba, Santo Eustáquio e Sint Maarten)
1962

Basutolândia
(Lesoto)
1965

Birmânia
(Myanmar)
1968

Boêmia e Morávia
(Partes da República Tcheca)
1939

Bornéu do Norte
(Parte da Malásia)
1962

Comunidade dos Estados Independentes
(ex-URSS, excetuando as repúblicas bálticas)
1992

Costa do Ouro
(Gana)
1950

Estado Independente da Croácia
(Croácia e Bósnia e Herzegovina)
1941

Estado Livre Irlandês
(República da Irlanda)
1934

Federação Malaia
(Malásia, Singapura e outros)
1958

Guiana Holandesa
(Suriname)
1960

Guiné Portuguesa
(Guiné Bissau)
1953

Iêmen do Norte
(Parte do Iêmen)
1985

(Entre parênteses o nome atual ou do Estado que integra)

Iêmen do Sul
(Parte do Iêmen)
1985

Índias Orientais Holandesas
(Indonésia)
1934

Iugoslávia
(Sérvia, Croácia, Eslovênia, Montenegro, Kosovo, Bósnia e Herzegovina e Macedônia do Norte)
1980

Iugoslávia
(Sérvia, Montenegro e Kosovo)
2000
Eurocopa

Manchúria
(Região da China)
1940

Mandato Britânico da Palestina
(Palestina, Israel e Jordânia)
1931

Niassalândia
(Malawi)
1962

Reino do Daomé
(Benim)
1959

República Árabe Unida
(União de Egito e Síria, 1958-1961)
1959

República Jemer
(Camboja)
1970

Rodésia
(Zimbábue)
1969

Rodésia do Norte
(Zâmbia)
1956

Sarre
(Estado da Alemanha)
1953

Seleção de Tchecos e Eslovacos
(Ex-Tchecoslováquia, denominação temporária)
1993

Sérvia e Montenegro
(Hoje são dois países autônomos)
2003

Suazilândia
(Essuatíni)
2004

Inesquecíveis

Sudoeste Africano
(Seleção "branca")
(Namíbia)
1975

Sudoeste Africano
(Seleção "negra")
(Namíbia)
1975

Tanganica
(Tanzânia)
1964

Tchecoslováquia
(República Tcheca
e Eslováquia)
1949

Tchecoslováquia
(República Tcheca
e Eslováquia)
1976
Campeã da Eurocopa

Togolândia Francesa
(Togo e parte de Gana)
1954

**União das Repúblicas
Socialistas Soviéticas***
1925

**União das Repúblicas
Socialistas Soviéticas***
1927

**União das Repúblicas
Socialistas Soviéticas***
1931

**União das Repúblicas
Socialistas Soviéticas****
1991

Vietnã do Norte
(Parte do Vietnã)
1960

Vietnã do Sul
(Parte do Vietnã)
1973

Zaire
(República
Democrática do
Congo)
1973

Zaire
(República Democrática
do Congo)
1988

* Atuais Rússia, Bielorrússia, Ucrânia, Moldávia, Turcomenistão, Uzbequistão, Tajiquistão, Cazaquistão e Quirguistão, mais a Transcaucásia (hoje Armênia, Geórgia e Azerbaijão).

** Atuais Rússia, Bielorrússia, Ucrânia, Letônia, Lituânia, Estônia, Moldávia, Geórgia, Armênia, Azerbaijão, Cazaquistão, Uzbequistão, Tajiquistão, Turcomenistão e Quirguistão.

Sala de espera
Ansiosa paciência

Eles possuem toda a papelada para serem recebidos na FIFA: são sete membros das Nações Unidas, soberanos de pleno direito que não estão filiados sequer a uma confederação continental: os Estados Federados da Micronésia, Palau, Nauru e as Ilhas Marshall – todos no Pacífico – e três europeus: Mônaco, Vaticano e Reino Unido. E aqui começam os asteriscos. Nauru e as Ilhas Marshall não registram atividades futebolísticas de seleções, mesmo que os marshalleses estejam reativando sua federação. Apresentamos aqui os protótipos das camisas de ambas.

Ainda que no Vaticano diversos torneios tenham lugar, entre os quais se destaque a Clericus Cup, é muito estranho formar uma seleção de um país onde não nasce ninguém: a nacionalidade vaticana é concedida aos diplomatas empregados nas nunciaturas (embaixadas da Santa Sé) e para os que exercem funções junto ao Estado da Cidade do Vaticano. Por último, o Reino Unido não possui uma seleção, mas quatro: Inglaterra, Escócia, País de Gales e Irlanda do Norte, que, aliás, comandam a International Board. Porém, perante o Comitê Olímpico Internacional, são um único membro, de modo que nos Jogos Olímpicos se unem para compor uma só equipe, como ocorreu em Londres no ano de 2012.

Outros dois estados soberanos permanecem fora da FIFA, mas já foram mencionados no capítulo dedicado à Oceania: Tuvalu e Kiribati.

Sala de espera

Cidade do Vaticano
2016

Estados Federados da Micronésia
2015

Ilhas Marshall
Protótipo, pois ainda não competiu

Mônaco
2014

Nauru
Protótipo, pois ainda não competiu

Palau
2015

Reino Unido da Grã--Bretanha e Irlanda do Norte
2012
Utilizada nos Jogos Olímpicos de Londres. O COI não permite que os países integrantes do Reino Unido joguem em separado

A chama olímpica
Medalhas douradas

No começo de tudo, estão os clubes. O Upton Park FC representou a Grã-Bretanha no torneio de exibição que o Comitê Olímpico Internacional organizou para a segunda edição dos Jogos Olímpicos modernos, em Paris, 1900. Levou o ouro – não oficial. Completaram o torneio a Union de Sports Athlétiques francesa e uma seleção de jogadores universitários belgas. O Galt Football Club ganhou a medalha dourada em Saint Louis, 1904 (que também não era oficial), mas em nome do Canadá.

Nos Jogos de Londres, em 1908, os participantes não eram mais os clubes, mas autênticas seleções nacionais. A Grã-Bretanha confirmava que, além de ter inventado o esporte, também o dominava. O ouro da medalha contrastou com a camisa branca de manga comprida e bandeira no peito que vestiram os britânicos. Desta vez, a medalha constou nas estatísticas.

A partir de 1924, a FIFA se juntou ao COI e passou a organizar a competição. Desde então, seria considerada "campeã mundial" a seleção que ganhasse a medalha de ouro. O Uruguai obteve o título em 1924 e 1928 e, por essa razão, o escudo da AUF exibe quatro estrelas, somando os títulos das Copas do Mundo de 1930 e 1950. Os caminhos se bifurcaram quando, em 1929, a FIFA anunciou sua própria competição, de modo que a celeste é a única seleção que contabiliza os títulos olímpicos.

A FIFA buscou refúgio no espírito amador do evento para proibir a participação de atletas profissionais. O seu negócio estava nas Copas do Mundo e dividir importâncias não constava no plano. Desse modo, depois da Segunda Guerra Mundial, os países capitalistas participaram com times amadores juvenis. A supremacia, no entanto, seria socialista: Hungria, URSS, Iugoslávia, Polônia, Alemanha Oriental e Tchecoslováquia obtiveram, entre todos, oito medalhas douradas com jogadores de futebol que não eram profissionais, mas atletas "subsidiados" pelos Estados nacionais.

Grã-Bretanha
Londres, 1908 (Grã-Bretanha) e Estocolmo, 1912 (Suécia)

Bélgica
Antuérpia, 1920 (Bélgica)

Uruguai
Paris, 1924 (França)

Uruguai
Amsterdã, 1928 (Holanda)

Justiça seja feita: quando jogaram contra países ocidentais, saíram-se muito bem. Também é justo mencionar que suas camisas estão entre as mais bonitas da história. Já com profissionais, desde que menores de 23 anos (e depois com até três "adultos responsáveis" por equipe), foi o momento luminoso da Nigéria em Atlanta, no ano de 1996, e de Camarões em Sidney, em 2000, com suas camisas tão características. França, Espanha, Argentina, México e Brasil levaram o ouro sem vestir uniformes tão diferentes de seus pares mais velhos. Para evitar confusões e eventuais sanções da FIFA, nos Jogos Olímpicos a maioria das seleções deixa de lado seus escudos oficiais e adota, por vezes, o emblema de cada Comitê Olímpico.

Os campeões olímpicos e as campeãs olímpicas (a partir de 1996)
Abaixo, a sede e o ano de cada edição

Itália
Berlim, 1936
(Alemanha)

Suécia
Londres, 1948
(Grã-Bretanha)

Hungria
Helsinque, 1952
(Finlândia)

União das Repúblicas Socialistas Soviéticas
Melbourne, 1956
(Austrália)

Iugoslávia
Roma, 1960 (Itália)

Hungria
Tóquio, 1964 (Japão) e Cidade do México, 1968 (México)

Polônia
Munique, 1972
(Alemanha Ocidental)

Alemanha Oriental
Montreal, 1976
(Canadá)

Tchecoslováquia
Moscou, 1980 (URSS)

França
Los Angeles, 1984
(Estados Unidos)

União das Repúblicas Socialistas Soviéticas
Seul, 1988 (Coreia do Sul)

Espanha
Barcelona, 1992 (Espanha)

Nigéria (Masculino)
Atlanta, 1996 (Estados Unidos)

Estados Unidos (Feminino)
Atlanta, 1996 (Estados Unidos)

Camarões (Masculino)
Sidney, 2000 (Austrália)

Noruega (Feminino)
Sidney, 2000 (Austrália)

Argentina (Masculino)
Atenas, 2004 (Grécia)

Estados Unidos (Feminino)
Atenas, 2004 (Grécia)

Argentina (Masculino)
Pequim, 2008 (China)

Estados Unidos (Feminino)
Pequim, 2008 (China)

México (Masculino)
Londres, 2012 (Grã-Bretanha)

Estados Unidos (Feminino)
Londres, 2012 (Grã-Bretanha)

Brasil (Masculino)
Rio de Janeiro, 2016 (Brasil)

Alemanha (Feminino)
Rio de Janeiro, 2016 (Brasil)

Brasil (Masculino)
Tóquio, 2020 (Japão)

Canadá (Feminino)
Tóquio, 2020 (Japão)

EXTRAVAGÂNCIAS

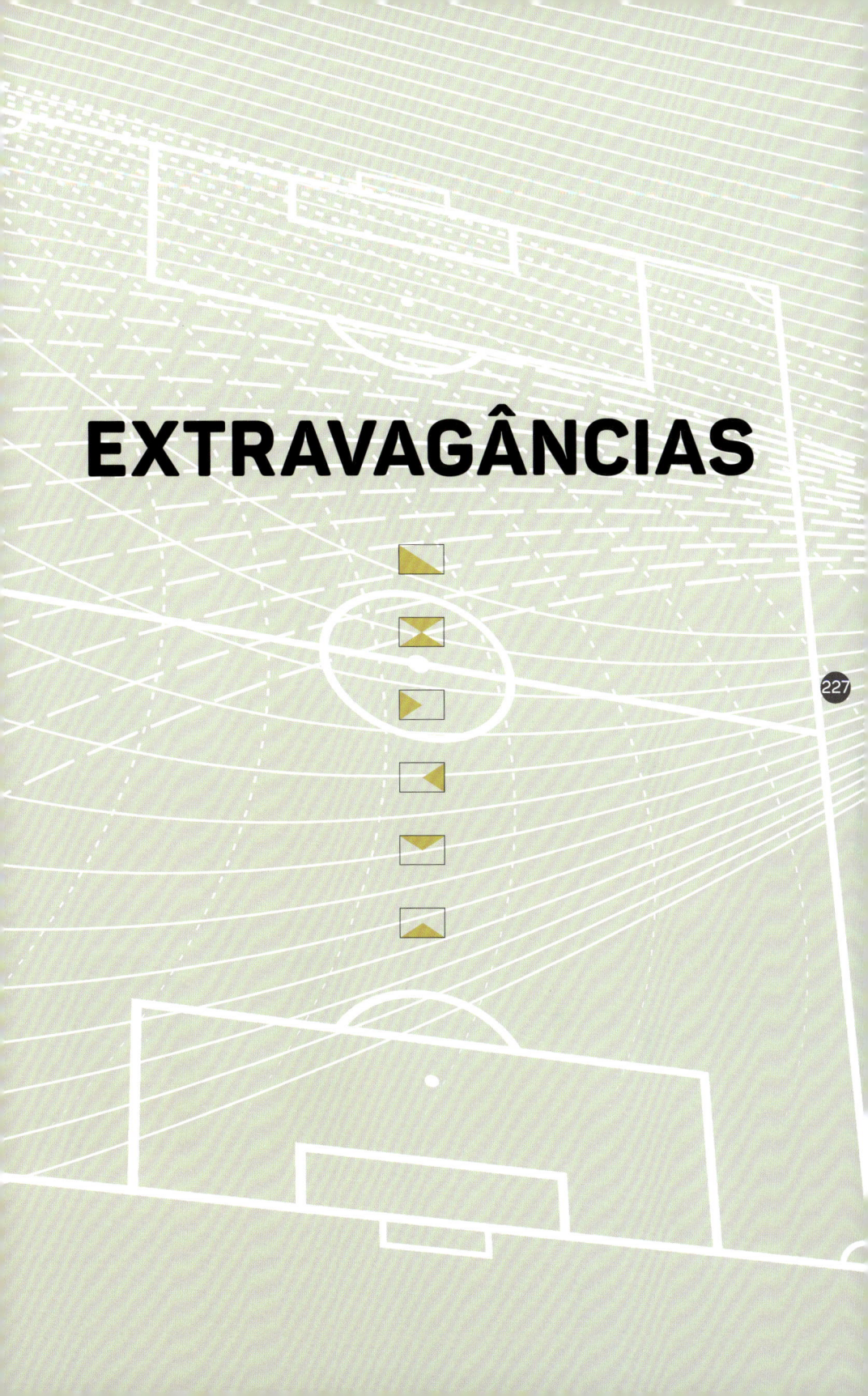

NOVAS SENSAÇÕES
Alternativas e reservas

Seja pela semelhança de cores com o rival nos primórdios do futebol, pela confusão que podia gerar nas telas em branco e preto, ou ainda por puro marketing, as seleções nacionais adotaram um segundo (e quem sabe um terceiro) uniforme. Eram, por vezes, mudanças radicais nas cores tradicionais, ou apenas uma maneira de oferecer um design complementar. O certo é que, com o passar do tempo, ninguém mais se espanta com o verde da Alemanha, o branco da Itália, os azuis de Brasil, Espanha e Argentina, ou mesmo ao ver a seleção do Peru com uma faixa diagonal branca sobre o fundo vermelho, entre outras tantas variedades e cores.

1910
França

1969
Grécia

1972
Camarões

1974
Argentina
Utilizada na preparação para a Copa do Mundo

EXTRAVAGÂNCIAS | NOVAS SENSAÇÕES

1978-1979
Argentina
Camisa reserva da Copa do Mundo de 1978 (não foi utilizada nessa competição). Usada em 1979 pela seleção sub-20 contra o Cosmos de Nova Iorque

1979
Chile
Vice-campeão da Copa América

1979
Colômbia

1982
Chile
Camisa alternativa da Copa de 1982, não utilizada nessa competição

1982
Espanha
Camisa alternativa da Copa de 1982, não utilizada nessa competição

1984
Camarões
Campeão da Copa Africana de Nações

1984
Costa do Marfim

1984
Equador

1984
Turquia

1985
Gâmbia

1986
Argentina

1986
Argentina
Utilizada na preparação
para a Copa do Mundo

1988
Japão

1990
Tanzânia

1991
Alemanha

1997
Irlanda

2000
Iraque

2006
Alemanha
Confeccionada a pedido
de Jürgen Klinsmann
para a Copa de 2006

2008
França

2010
Bolívia

EXTRAVAGÂNCIAS | NOVAS SENSAÇÕES

2010 Sudão	**2014** Eslovênia	**2016** Bulgária
2016 Itália	**2017** China	**2018** Malawi
2019 Polônia	**2021** Itália	**2021** Portugal

OUSADAS
Originais, chamativas e disruptivas

O que é isso que estão vestindo?! Cores estridentes, desenhos extravagantes e linhas carregadas são algumas características dos trajes audaciosos com que diversas seleções se animaram a entrar em campo.

O Egito jogou com a imagem de Tutancâmon, a Escócia se abrigou com o quadriculado do seu tradicional kilt e, na Eurocopa de 2016, a Espanha trajou uma camisa branca com arranjos que os mais fanáticos chamaram, sem piedade, de "vômito de *paella*".

A maior cobaia, no entanto, foi a seleção de Camarões, utilizada pela marca Puma para exibir seus experimentos na indumentária esportiva. Os primeiros testes se deram na Copa Africana de Nações, em 2002, quando a equipe usou uma camisa sem mangas. A FIFA não a admitiu para a Copa do Mundo da Coreia e do Japão e foi preciso acrescentar mangas pretas, sob ameaça de sanções. A Puma dobrou a aposta dois anos depois, quando preparou para os cameroneses uma espécie de macacão, com camisa e calção em uma peça única, elástica. A resposta dos escritórios da FIFA foi mais dura: foram descontados seis pontos nas eliminatórias para a Copa de 2006, e aplicada uma multa. Ao final, a equipe terminou perdoada, mas aquele modelo não foi usado nunca mais.

Peles de animais, mapas da nação e até a propaganda de uma Copa em que não estariam presentes (a maior das ousadias) formam parte desta seção, a mais chamativa do futebol internacional.

EXTRAVAGÂNCIAS | OUSADAS

1905
Escócia

1925
Estados Unidos
Usada contra o Canadá

1930
Guatemala

1947
Colômbia

1981
Equador
Usada nas eliminatórias para a Copa do Mundo de 1982

1983
Costa Rica

1990
Suíça

1991-1993
Escócia

1992
Austrália

1992
Gabão

1992
Porto Rico

1992
Zimbábue

1993
Alemanha

1993
Letônia

1994
Tailândia

1995
Bielorrússia

1995
Gana
Campeã mundial na categoria sub-17

1996
Escócia

1996
País de Gales

1996
Guiné-Bissau

1997
Canadá

1998
Venezuela

1999-2001
Haiti

2000
Antígua e Barbuda

EXTRAVAGÂNCIAS | OUSADAS

2000
Uganda

2001
Ilhas Virgens Americanas

2002
Camarões
Campeão da Copa
Africana de Nações

2003
Islândia

2006
Guiné Equatorial

← **2004**
Camarões
Camisa e calção
em uma só peça

2007
Vanuatu

2010
Egito
Campeão da Copa
Africana de Nações

2011
França

2011
Suécia

2012
República Centro-
-Africana

2016
Croácia

235

2016
Espanha

2018
Butão

2020
Japão

2021
Coreia do Sul

2021
Malásia

2021
San Marino

2021
Senegal
(Reversível, usa-se oficialmente do lado branco)

GRAVAR O NOME
O orgulho escrito no peito

Mesmo que não seja um costume entre países de maior tradição no futebol, muitas seleções africanas ou asiáticas, em especial do Oriente Médio, escolheram mostrar ao mundo seu nome de forma bem visível na parte da frente da camisa, na altura do peito. Muitas vezes a grafia se fez em caracteres árabes, chineses ou gregos. É uma prática que está caindo em desuso, mas que embeleza as camisas e dá a elas uma personalidade única.

1950
Cuba

1953
Grécia

1960
Estados Unidos

Anos 1970
Síria

1972
Irã
Jogos Olímpicos de Munique

1974
Kuwait

1976
China

1976
Catar

1978
Uganda

1979
Emirados Árabes Unidos

1981
Iraque

1988
Líbano

1989
Cabo Verde

Anos 1990
Jordânia

1992
Níger

1993
Bahrein

EXTRAVAGÂNCIAS | GRAVAR O NOME

1995
Burkina Faso

1999
Granada

1999
Palestina

1999
República Democrática do Congo

2000
Congo

2000
Libéria

2010
Guiana

2010
República Dominicana

2013
Etiópia

OUTRAS CORES
Licenças

Irreconhecíveis, estranhas, difíceis de aceitar para os torcedores, sempre originais. O Brasil vestindo branco, vermelho e azul? A Inglaterra de amarelo? A Alemanha de azul? A Escócia de rosa? Em algumas poucas ocasiões, surgem cores que não se parecem em nada com as que identificam uma seleção. Não costumam ter uma única explicação: algum antecedente distante, certo arroubo de inovação, um capricho dos dirigentes ou, o mais provável, uma jogada de marketing.

1918
Brasil
Com detalhes em azul e vermelho
O Estado brasileiro havia proibido que se usassem as cores nacionais

1928
Chile
Jogos Olímpicos de Amsterdã

1973
Inglaterra
Homenagem a uma de suas primeiras camisas

1986
Alemanha Ocidental
Utilizada na cidade de Morelia, antes da Copa do Mundo

1996
Inglaterra

1996
Ucrânia

EXTRAVAGÂNCIAS | OUTRAS CORES

1998
Irlanda do Norte

1998
Polônia

2012
Espanha

2012
Holanda

2013
País de Gales

2015
Bélgica

2015
Paraguai

2016
Escócia

2021
Peru
Copa América, não usada durante o torneio

EFÊMERAS
Breves trajetórias

Homenagens, ocasiões especiais, cores vigentes durante determinada transição política e até uma seleção fake deixaram peças que não poderiam faltar no catálogo histórico de camisas. Muitas delas foram usadas apenas em uma partida. Também há clubes que emprestaram seus uniformes a uma seleção para solucionar algum *kit clash*, termo usado pelos ingleses para a confusão gerada por vestimentas muito parecidas ou em caso de alguma lacuna do rival.

Aparecem aqui também aquelas verdadeiras seleções planetárias que lotavam estádios e ofereciam espetáculos sob a denominação de "Resto do Mundo" e similares.

Um caso especial é o da camisa que representa a Frente de Libertação Nacional da Argélia. Integrada por atletas de origem argelina que abraçaram a causa (e abandonaram, com isso, contratos vantajosos na França e na própria seleção europeia), a equipe disputava partidas para divulgar e apoiar a luta anticolonialista. Com duração de quatro anos, entre 1958 e 1962, foi mais do que uma ação isolada: persistiu até que a vitória convertesse sua camisa em uma relíquia da nova nação.

1919
Brasil
Homenagem ao goleiro uruguaio Roberto Chery, falecido no Campeonato Sul-Americano de 1919. Brasil (3) enfrentou a Argentina (3), vestindo a camisa do Peñarol, de Montevidéu

1937
Peru
No Sul-Americano disputado em Buenos Aires, jogou com a camisa do San Lorenzo contra o Chile e no segundo tempo contra o Brasil

1937
Brasil
No Sul-Americano disputado em Buenos Aires, jogou com a camisa do Boca Juniors contra o Chile

1954
Itália
Utilizada contra a Argentina como homenagem à recuperação de Trieste. Simboliza o contraste entre a vergonha e o renascimento

1958-1962
Frente Nacional de Libertação da Argélia
Equipe que representou a Argélia durante a luta por tornar-se independente da França

EXTRAVAGÂNCIAS | EFÊMERAS

1963
Resto do Mundo
Partida contra a Inglaterra em homenagem ao primeiro centenário do futebol

1967
Venezuela
Em seu primeiro Sul-Americano, usou a camisa do Peñarol contra o Chile

1973
Seleção europeia

1973
Seleção sul-americana

1979
Resto do Mundo
Seleção que derrotou a Argentina por 2 × 1 no primeiro aniversário da Copa do Mundo de 1978

1989
Zaire
Em homenagem ao então presidente, o ditador Mobutu

1991
Coreia
Para o Mundial juvenil, as federações norte-coreana e sul-coreana formaram uma equipe unificada

2006
Kuwait
Homenagem ao falecido *sheik* Jaber Al-Ahmad Al-Sabah

2010
Coreia do Norte
Utilizou contra a Venezuela a camisa reserva do adversário, tapando o escudo com uma fita

2010
Togo
Falsa equipe do Togo, que perdeu por 3 × 0 um amistoso contra o Bahrein

2011
Camisa da integração africana. Foi utilizada por várias seleções do continente como indumentária alternativa. Cada país colocava seu próprio escudo

2014
África do Sul
Homenagem a Nelson Mandela, com o número da cela em que esteve preso em Robben Island

AS PIONEIRAS
Primeiros desenhos, primeiras cores

Como em toda história de amor, as seleções nacionais também tiveram sua primeira vez. Algumas das camisas conservam as cores desses primeiros encontros (mesmo que tenha se passado mais de um século), enquanto outras podem estar irreconhecíveis. A maioria transparece uma dignidade que só a passagem do tempo pode dar.

Além das primeiras camisas de muitas equipes, aqui aparecem também outros modelos antigos, resgatados do esquecimento.

1872
Escócia
Primeira partida entre seleções da história
0 × 0 contra a Inglaterra

1872
Inglaterra
Primeira partida entre seleções da história
0 × 0 contra a Escócia

1888
Canadá

1900
França

1902
Argentina
Primeira partida oficial
6 × 0 contra o Uruguai

1902
Uruguai
Primeira partida oficial
0 × 6 contra a Argentina

1905
Holanda

EXTRAVAGÂNCIAS | AS PIONEIRAS

1906
Dinamarca

1907
Uruguai

1908
Alemanha

1908
Argentina

1908
Bélgica

1908
Suécia

1908
Suíça

1910
Chile

1911
Itália

1912
Áustria

1912
Hungria

1913
China

1913 Rússia Época czarista	**1914** Brasil	**1914** Irlanda Antes da divisão do país	**1914** Luxemburgo
1916 Estados Unidos	**1919** Grécia	**1920** Tchecoslováquia	**1921** Finlândia
1922 Polônia	**1923** Guatemala	**1923** México	**1924** Canadá

EXTRAVAGÂNCIAS | AS PIONEIRAS

1924
Espanha

1924
Estônia

1924
Letônia

1924
Lituânia

1924
União das Repúblicas
Socialistas Soviéticas

1927
Peru

1928
Holanda

1928
Portugal

1933
Haiti

1933
Nova Zelândia

1935
Cuba

1935
El Salvador

1936 Japão	**1937** Colômbia	**1938** Bulgária	**1938** Panamá
1938 Venezuela	**1938** Equador	**1939** Eslováquia	**1946** Porto Rico
1946 Albânia	**1946** Islândia	**1947** África do Sul	**1948** Índia Primeira camisa como país independente

EXTRAVAGÂNCIAS | **AS PIONEIRAS**

1949
Israel
Primeira camisa como
país independente

1951
Iraque

1954
Chipre

1954
Gibraltar

1955
Bermudas

1958
Quênia

1972
Catar

1990
Ilhas Faroe
Primeira camisa como
filiada à Fifa

1992
Azerbaijão
Primeira camisa após a
independência da URSS

1992
Lituânia
Primeira camisa após a
independência da URSS

1992
Ucrânia
Primeira camisa após a
independência da URSS

2014
Kosovo
Primeira partida oficial

Outras identidades
Às margens

Quais são as condições para se tornar membro da FIFA? Ser um Estado e ter uma federação capaz de organizar o futebol em seu território. Excepcionalmente, uma associação não autônoma pode solicitar sua admissão na FIFA com a autorização da federação do país do qual dependa. São os casos de Ilhas Faroe, Porto Rico, Hong Kong, Nova Caledônia, Ilhas Virgens e Gibraltar. O futebol não termina nos atuais 211 membros da FIFA. Estão de fora territórios como a Abecásia, o Chipre do Norte ou a República Saaraui, cuja soberania é pleiteada por outros estados.

Nada impede que eles tenham seleções e torneios para além da FIFA, como os que são organizados pela Confederação de Associações Independentes do Futebol (ConIFA).

Então aparecem nomes como Groenlândia, Ossétia do Sul, Curdistão, Papua Ocidental, Somalilândia... As regiões de Donetsk e Lugansk, epicentros do conflito entre Ucrânia e Rússia, também escolheram suas cores, assim como as seleções autônomas da Espanha, entre as quais o País Basco e a Catalunha são as mais conhecidas. Ainda há casos de populações sem um território definido, como ocorre com os mapuches ou os ciganos.

Todos têm o direito de jogar com a própria identidade – e com as próprias camisas.

Abecásia
2014

Artsaque
2014

Catalunha
2016

Outras identidades

Chagos 2020	**Chipre do Norte** 2017	**Curdistão** 2019	**Donetsk** 2015
Euskadi (País Basco) 2010	**Groenlândia** 2021	**Ilha de Man** 2017	**Lapônia** 2019
Lugansk 2021	**Mayotte** 2020	**Ossétia do Sul** 2019	**Papua Ocidental** 2019

Povo Cigano
2007

Povo Mapuche
2015

República do Saaraui
2015

República Sérvia
2021

San Bartolomé
2019

Santa Helena
2019

Somalilândia
2018

Tibete
2018

Turquistão Oriental
2019

AGRADECIMENTOS

Aos responsáveis pelo Arquivo Roberto Santoro de TEA e DEPORTEA, sempre atentos e dispostos a preservar a informação e a memória.

Ao Club Atlético Atlanta, a Pablo Junovich e a Fernando Roggero.

A Nacho Iraola, por continuar acreditando na nossa forma de olhar.

Pablo Aro Geraldes:

A Roberto Vargas, por sua amizade valiosa e pelas horas dedicadas a este livro. A Alan Peniche e Álvaro Nanton, companheiros de aventuras e camisas pelos Bálcãs, América Central, África e pelas viagens por vir. A Rony Almeida, Fernando Molina, Oscar Barnade e Eduardo Cantaro, sempre com informações certeiras. A Luis Manzano e Marcelo Ordaz, por me mostrarem as suas coleções únicas. A Gonzalo Parada, porque compartilhamos essa mesma loucura. A Antonio Moreno, diretor do Salão da Fama do Futebol Internacional, e a sua maravilhosa equipe. Em ordem alfabética, meus agradecimentos a Gaby Ahrens, Sebastián Alarcón, Krzysztof Armacki, Hossamedin Bedier, Mounir Benmohammed, Jamie Benx, Gabriel Bustamante, Riccardo D'Agnese, Caetano De Luchi, Mohamed Didou, Diego Dorrego, Paul Driessen, Sascha Düerkop, Ivan Eginsson Eysturland, Anderson Fernandes Borges, Antonello Gallo, Mark Gleeson, Behnam Jafarzadeh, Joe Johnston, Carlos Kambaekwa, Claude Kana, Ioannis Karayiannnis, Eric Kay, JeanLuc Kit, Ildefons Lima, Sifiso Mngunie, Takahide Nagai, Zoltán Nagy, José Parreaguirre, Flavio Schiaffino, Gregory Smagas, Enrique Solorio, Mojmir Stasko, Karel Stokkermans, Nick Warrick, Sven Weh, Andreas Werz, Luke Westcott, Liu Yun-I e Francesco Zema.
E a Lourdes, a razão de tudo.

Sebastián González Gándara:

A Ruth e Horacio, por serem os primeiros a vestir a camisa. A Matías, meu companheiro de time, seja onde for. A Nicole, por se juntar a cada viagem, sem se importar com o destino. A Lili, por ler mesmo com a luz apagada.

Agustín Martínez:

A Mauricio Giaxa, Lucas Gatti, Hannie Olsen e Gisa Macia. A Bautista, Facundo e Matías. A Carli, pela paciência e companhia incondicional. Aos gêmeos, pelo apoio moral. A Marisol, por sua permanente contribuição à coleção de camisas desde que faço uso da razão. A Liliana e Norberto.

Cune Molinero:

A Solana, Pedro e Antonio, a equipe da minha vida.
A Jimena, aquela que orienta minhas tempestades com amor. Por seus sábios comentários sentimentais e futebolistas, e por inventar os abraços familiares.
A minha família e a todos os amigos e colegas que torcem sem parar quando a partida se complica.
A Alberto Sabbag, por me tornar parte.

Alejandro Turner:

A Lucas, Federico e Carina. Pelo amor em todas as suas formas. E por me acompanharem em cada aventura, até as mais incompreensíveis.

FONTES

Sites e perfis na internet

20 MINUTOS (Espanha) – blogs.20minutos.es
ABC (Espanha) – abc.es
BBC NEWS (Inglaterra) – bbc.com
CAMBIO DE CAMISETA – cambiodecamisa.com
CAMISETAS DE LA SELECCIÓN ESPAÑOLA – MUSEO VIRTUAL – camisasseleccion.es
CAMISETAS SPORT CLUB – camisassportclub.blogspot.com
CASA BRUNI – behance.net/CruzBruni
COLOR MADRID (Espanha) – colormadrid.com
COLOURS OF FOOTBALL – colours-of-football.com
CORDONS NEGRES – cordonsnegres.com
DE CHALACA (Peru) – dechalaca.com DEPOR (Peru) – depor.com
DIARIO AS (Espanha) – as.com EL COMERCIO (Peru) – elcomercio.pe
EL CRONISTA (Argentina) – cronista.com
EL ESPAÑOL (Espanha) – elespanol.com
EL MUNDO (Espanha) – elmundo.es
EL PAÍS (Espanha) – elpais.com
EL SALVADOR.COM (El Salvador) – elsalvador.com
EL TIEMPO (Colômbia) – eltiempo.com
FIFA MUSEUM – fifamuseum.com
GLOBAL JERSEYS – global-jerseys.com
GOAL (Argentina) – goal.com
GQ (Espanha) – revistagq.com
HISTORICAL FOOTBALL KITS – historicalkits.co.uk
INFOBAE (Argentina) – infobae.com

BIBLIOGRAFIA

ARO GERALDES, Pablo. Un siglo de Copa América. Atlántida, Buenos Aires, 2016.

BARNADE, Oscar e IGLESIAS, Waldemar. Todo sobre la selección. Club House, Buenos Aires, 2014.

BARRAZA, Jorge. Pioneros. Guardameta Ediciones, Buenos Aires, 2021.

BURGO, Andrés. El partido. Argentina - Inglaterra 1986. Planeta, Buenos Aires, 2017.

CALDERÓN, Carlos. Crónica del fútbol mexicano. Clío, México, 1998.

CHEVALIER, Jean Y GHEERBRANT, Alain. Diccionario de los símbolos. Herder, España, 2003.

DE MATÍAS, Borja y GUERRA, David. Del gol de Zarra al gol de Iniesta. Titano Ediciones, Madrid, 2012.

FABBRI, Alejandro. El nacimiento de una pasión. Capital Intelectual, Buenos Aires, 2013.

GOLDEN, Reuel. The beautiful game. El fútbol en los años setenta. Taschen, Alemania, 2014.

LANZARINI, Alessandro. Mondiali. La grande enciclopedia della Coppa del Mondo. Conti Editore, Bologna, 1994.

MACÍAS, Julio. Quién es quién en la Selección argentina. Diccionario sobre los futbolistas internacionales (19022010). Corregidor, Buenos Aires, 2011.

MARSHALL, Tim. El poder de las banderas. Historia y significado de nuestros símbolos. Península, Barcelona, 2016.

MAYNE-NICHOLLS, Harold. Historias sudamericanas en la Copa del Mundo 1930-2010. Conmebol, Asunción, 2010.

MOLINERO, Cune y TURNER, Alejandro. Atlas de camisas. Los colores del fútbol argentino. La historia, las leyendas y las rarezas. Planeta, Buenos Aires, 2017.

MOLINERO, Cune y TURNER, Alejandro. El último mundial. Un recorrido sensorial por Italia '90. Planeta, Buenos Aires, 2020.

MORLINO, Bernard. Retratos legendarios del fútbol. Edimat Libros SA, Madrid, 2009.

PALOPOLI, Eugenio. La historia de las marcas deportivas. Blatt & Ríos, Buenos Aires, 2014.

PRATS, Luis. La crónica Celeste. Fin de Siglo, Montevideo, 2000.

SOTER, Ivan. Enciclopédia da Seleção 1914-2002. Folha Seca, Rio de Janeiro, 2002.

VELÁZQUEZ VILLACÍS, Mauro. El fútbol ecuatoriano y su Selección Nacional. Poligráfica, Guayaquil, 1998.

ZNAMIEROWSKI, Alfred. Enciclopedia mundial de las banderas. Libros, Madrid, 2012.

FONTES
SITES E PERFIS NA INTERNET

LA PRENSA (Panamá) – prensa.com
LA CASACA – lacasaca.com
LA HISTORIA ILUSTRADA DE LOS MUNDIALES – futbox.com
LA REDÓ (Argentina) – la-redo.net
LAS PROVINCIAS (Espanha) – lasprovincias.es
LOS MUNDIALES DE FÚTBOL – losmundialesdefutbol.com
MARCA DEL GOL – marcadelgol.com
MARKETING REGISTRADO (Argentina) – marketingregistrado.com
MEE MET ORANJE – meemetoranje.nl
MUNDO DEPORTIVO (Espanha) – mundodeportivo.com
OLD FOOTBALL SHIRTS – oldfootballshirts.com
OLÉ (Argentina) – ole.com.ar
PÁGINA 12 (Argentina) – pagina12.com.ar
PDA (Uruguai) – pordeciralgo.com.uy
PLANET WORLD CUP – planetworldcup.com
RPP NOTICIAS (Peru) – rpp.pe
SAMFORD UNIVERSITY (Estados Unidos) – samford.edu
SOCCER NOSTALGIA – soccernostalgia.blogspot.com
TÉLAM (Argentina) – telam.com.ar
TELE MADRID – telemadrid.es
THE GUARDIAN (Inglaterra) – theguardian.com
THE NEW YORK TIMES (Estados Unidos) – nytimes.com
TODO SOBRE CAMISETAS – todosobrecamisas.co
TWITTER – @matiascorado
TyC SPORTS (Argentina) – tycsports.com

Jornais e revistas
A Bola (Portugal)
Afrique Football (continental)
Al Watan Al Riyadi (Oriente Médio)
Don Balón (Espanha)
Colección revista El Gráfico, Buenos Aires
Estadio (Chile) Football Asia (continental)
FourFourTwo (Inglaterra)
France Football (França)
Futbol (Rússia)
Guerin Sportivo (Itália)
Kicker (Alemanha)
Onze (França)
Panenka (Espanha)
Placar (Brasil)
SoccerManía (México)
Soccer America (Estados Unidos)
Soccer Magazine (Japão)
Sport Illustrated (Estados Unidos)
Voetbal (Holanda)
World Soccer (Inglaterra)

Jogadores consultados
Baldocchi, José Guilherme (Brasil)
Brehme, Andrea (Alemanha)
Caniggia, Claudio (Argentina)
Collovati, Fulvio (Itália)
Cuéllar, Leonardo (México)
Larrosa, Omar (Argentina)
Macia, José "Pepe" (Brasil)
Marchena, Carlos (Espanha)
Olarticoechea, Julio (Argentina)
Olsen, Jesper (Dinamarca)

CRÉDITOS FOTOGRÁFICOS

Alamy

Empics/PA Images – página 21
S&G/PA Images – páginas 45 e 51
PA Images – páginas 75, 81 e 103
Peter Robinson/PA Images – páginas 69, 87 e 95
Ross Kinnaird/PA Images – página 111
Michael Steele/ PA Images – página 119
Matthew Ashton/PA Images – página 127
Tony Marshall/PA Images – página 135
Mike Egerton/PA Images – página 143
Nick Potts/PA Images – página 151

Getty Images

Bob Thomas/Popperfoto – páginas 27 e 39
Hulton Deutsch – página 33
Picture Alliance – página 57
Hulton Archive – página 63
Jewel Samad – página 159

Arquivo pessoal de Hasso Ahrens – página 218

Acreditamos
nos livros

Este livro foi composto em Panton e Bembo Book MT e impresso pela Gráfica Santa Marta para a Editora Planeta do Brasil em agosto de 2022.